漫畫

隨心所欲操控人心的

暗黑心理學

心機無罪，成功有理！
以心理學作為武器，
輕鬆收服任何人

マンガ　思いのままに人をあやつる心理学

齊藤勇——監修
卓惠娟——譯

第3章

迅速拉近與曖昧對象的距離

第6章 留住最好的情人

第10章

第11章

前言

以「心理學」為武器，解決人生各種難題

二十世紀初，有位俄羅斯的生理學家巴夫洛夫（Ivan Pavlov），他對狗進行了一個著名的實驗，想必很多讀者都聽過吧？

巴夫洛夫餵狗飼料時，同時讓狗聽節拍器的聲音。持續一段日子後，狗光是聽到節拍器的聲音，也會和眼前出現飼料一樣流口水。巴夫洛夫把這個現象稱為「制約反射」（conditioned reflex），同時把這個理論稱為「古典制約」（classical conditioning），這個發現也被廣泛運用在人類的學習。是的，也就是說人和實驗的狗相同，如同給飼料時讓狗聽節拍器的聲音，只要給人類相似的條件刺激，就會產生和生理無關的反射行為。

而另一個與心理學相關必須了解的是「潛意識」。人類多數言行舉止，事實上都受到潛意識的影響。這意味著人類多數言行並不是受到自己的意識控制。某些理論認

為，潛意識占據大腦意識的比例高達九成以上。

由於潛意識的作用，因此人類可以隨心所欲地操控他人的言行，而且只需稍微控制對方心理，就能輕易做到。一說到「控制」，可能會令人覺得有點恐怖。不過，本書所提真的只是「輕微程度」而已。

比方說，當職場的人際關係不順利、生意往來對象不好相處時，「輕微程度」地改變對方的心理，或許就能使狀況改變。或是透過對方潛意識的動作，理解對方可能有什麼感受，內心會產生哪些想法，因而順利先發制人。

在戀愛方面，了解對方心理也有很大的助益。雖然異性的心理難以揣測，但我們可以透過觀察對方潛意識的動作，了解對方的感受，或是以自身的言行引導對方的潛意識。讓戀人關係更融洽。

同時，這也是能運用在自己身上的有效技巧。當心情鬱悶、工作不順時，可以透過心理技巧讓心情產生變化，塑造更接近理想的自我。

本書將以讀者容易理解的方式，在漫畫中舉出大量而具體的實例呈現這些心理技巧。期盼讀者藉由這些心理技巧，運用於人生的各種狀況，展開更豐富順遂的人生。

齊藤勇

第1章 人生從YES開始，讓人對你爽快承諾

Bar Moon
可惡！我都這麼拼命了！
你今天看來相當煩躁。
不喝點酒解悶，誰做得下去？老闆！再來一杯！
伸手
開門聲
歡迎光臨！
砰
Heaven's Club

和平常一樣的乾馬丁尼可以嗎？
好，也給我來點下酒菜。
老闆！再來一杯！
難得你這麼久沒上門，竟然這麼吵鬧真抱歉。
……
再喝下去，會造成其他客人的困擾，喝完這杯就回去吧！
至少喝酒就讓我喝個痛快吧！
我一直老老實實地工作，從來沒有怨言。
嗝

可是…
竟然這麼惡劣…
我去哪裡生出三百萬圓這麼大的金額！
咚
嗯…
喂！
!?
啪
你要喝多醉不關我的事，但是一扯到錢，我可沒辦法袖手旁觀，必要的話我可以幫你想辦法，說說看！
啊…你是哪位？

放高利貸的！
驚！
高…高利貸？
為什麼需要三百萬？說說看。
事實上…
我在貿易公司工作三年，一直埋頭苦幹，
無論上司和客戶的要求再怎麼無理，即使累到頭昏眼花，我還是拚命忍耐著達成任務。
可是最近有一件工作，因為惹惱了對方，所以沒談成生意。

後來我向對方道歉，雖然他怒氣消了……
非常抱歉！
賠罪
哈腰
沒關係。不過這次合作，我可能需要再考慮一下……
被拒絕的我，找主管商量這件事……
你搞什麼？這次的生意，我們公司非拿到手不可！
可是……
沒什麼可是不可是的，既然如此，只好把錢準備好，讓對方願意跟我們談。
這是你捅出來的簍子，你先準備一千萬作為表示誠意的保證金，要是沒談成，就當作損失賠償！
這……這太強人所難了吧……

我覺得自己確實有責任，所以千方百計總算籌出七百萬。
兩天內還要再籌出三百萬，我已經走投無路了。
如果你能借我錢，我什麼都願意做，拜託你了…
原來如此，出了錯不自己擦屁股，還哭哭啼啼地像個窩囊廢說堆廢話嗎？
咦？
聽好了！公司怎麼可能向員工要求損失賠償？要借酒澆愁以前，先查清楚再說！
這我當然知道…只不過，我也有責任…
還想大家能對我刮目相看…
你啊…總是輕易抱著不可能實現的理想，這是你的壞毛病，對吧？

咦？
表面上擅長社交，和藹可親，實際上內向又個性謹慎，平時沒想太多，但又常煩惱著所作所為是否有錯…
Club
你…你怎麼會知道？
嗯，為什麼呢？
不過，今天在這裡碰到我，算你走運！
我在做這個。
微笑金融
社長
嶋田孝行
東京都新宿區新宿-20-6
遞出
微笑金融，嶋田孝行？
13
我不是說了嗎？我是放高利貸的。

需要錢的話，我可以借你。不過，當然不是無條件。
我們今天剛認識，我也沒辦法信任你，所以需要你父母或兄弟當保證人，這就是我的條件。
保證人沒問題了…既然機會難得，我就教你一個談生意能成功的竅門吧！
竅門？
比方說，我剛剛不是說中你的個性嗎？你一定很訝異我竟然能在這麼短的時間內就看穿你吧？
沒錯…

巴南效應

利用一些模糊、廣泛的形容詞描述一個人的性格，人們容易誤以為與自己相符，認為說的正是自己，這就是「巴南效應」。

巴南效應容易成立的條件

① 相信分析內容具獨特性，只有自己符合。

② 信任評價者的權威。

③ 分析內容指出性格的兩面性。

其實，以心理學來說，我只是運用了「巴南效應」。
巴南效應？

血型占卜也是典例的例子。換句話說，明明是適用於任何人的性格描述，當事人卻誤以為和自己吻合的現象。
血型占
A型運勢
B型運勢
O型運勢
AB型運

「看起來漫不經心其實很認真」、「好像很遲鈍其實有時很敏感」，像這樣的描述，任何人多少都會覺得有點被說中了。

不論多麼吊兒郎當的人，總有認真的時候；不論怎樣的傻蛋，都有覺得受傷的時候。

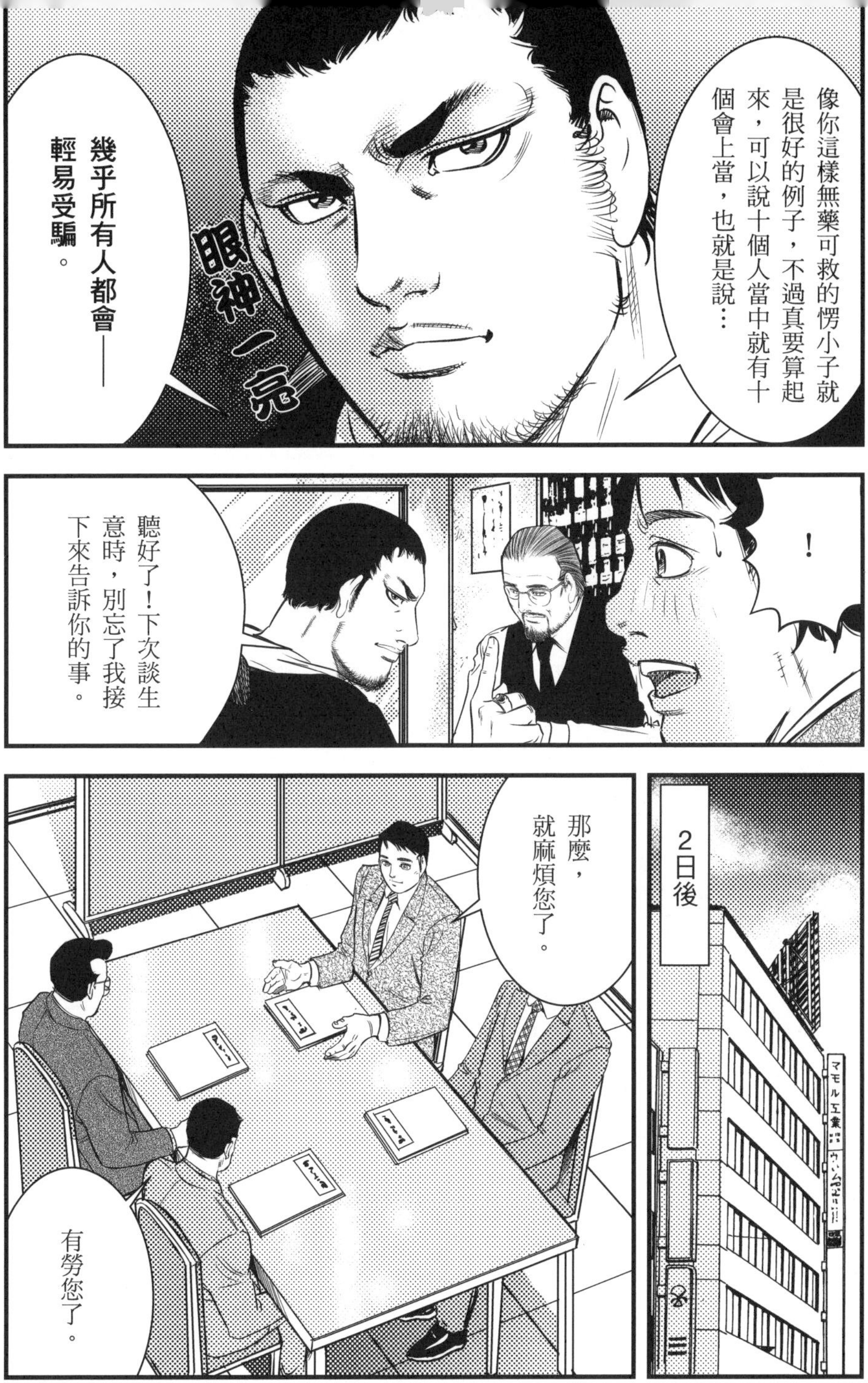
像你這樣無藥可救的愣小子就是很好的例子，不過真要算起來，可以說十個人當中就有十個會上當，也就是說…
幾乎所有人都會——輕易受騙。
眼神一亮
!
聽好了！下次談生意時，別忘了我接下來告訴你的事。
2日後
マモル工業
那麼，就麻煩您了。
有勞您了。

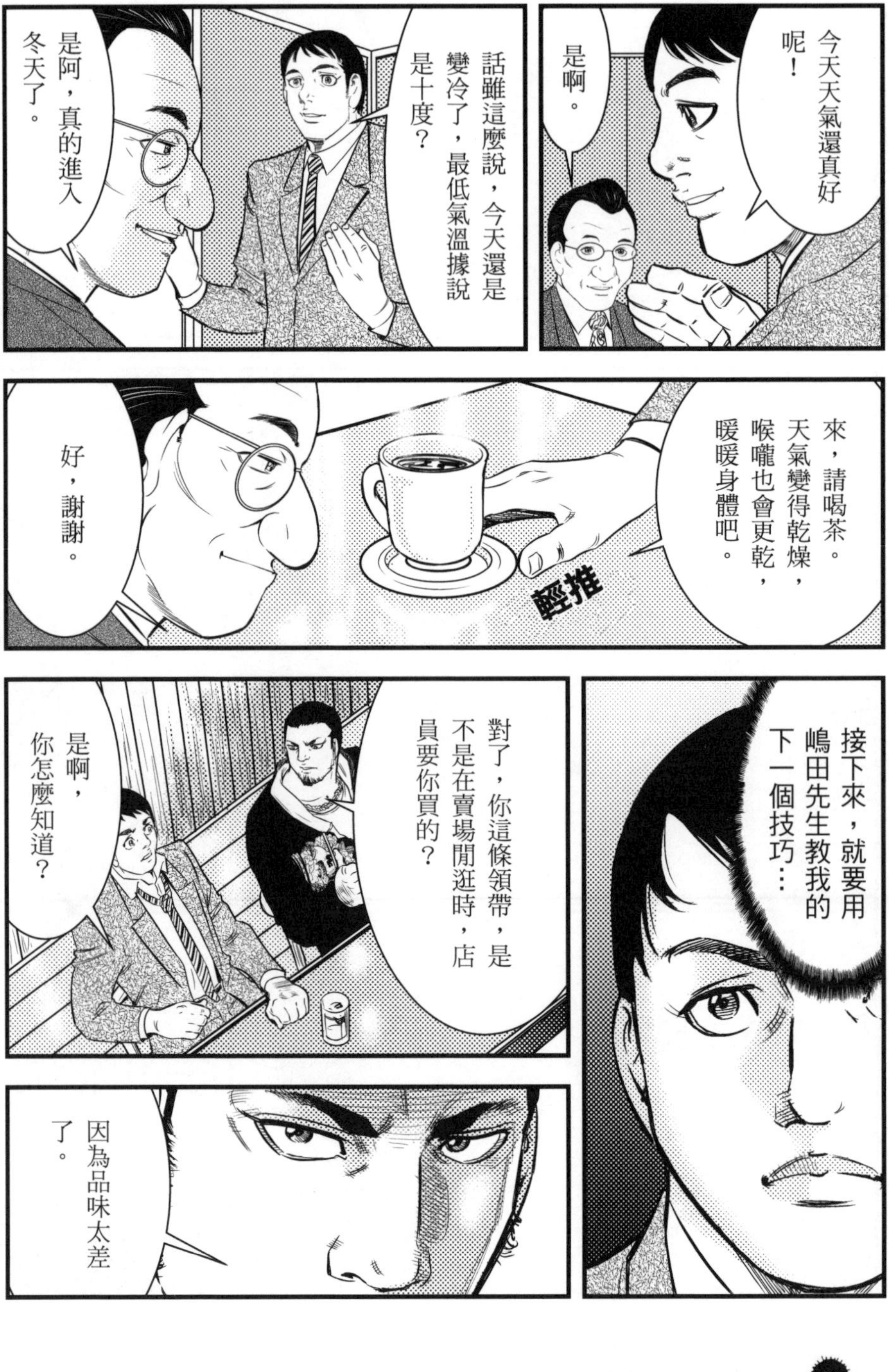
今天天氣還真好呢！
是啊。
話雖這麼說，今天還是變冷了，最低氣溫據說是十度？
是阿，真的進入冬天了。
來，請喝茶。天氣變得乾燥，喉嚨也會更乾，暖暖身體吧。
輕推
好，謝謝。
接下來，就要用嶋田先生教我的下一個技巧…
對了，你這條領帶，是不是在賣場閒逛時，店員要你買的？
是啊，你怎麼知道？
因為品味太差了。

當店員問：「您在找領帶嗎？」、「您今天休假嗎？」跟她聊著聊著，不知不覺就買下她推薦的領帶。
這條領帶很適合您呢！
是嗎？那，我就買這條吧。
BURBAN
你聽過「YES心理定向」嗎？
？
先說些「今天天氣真好」等不痛不癢的話，讓對方回答「是」。
藉由不斷回答「是」的說話過程中，人會開始抗拒說出「不」。
接著看準時機，提出要求，對方就會自然地答應。

YES心理定向

今天天氣真好
是啊
天氣變冷了
對啊
要買這件外套嗎？
好啊

人在重複回答「YES」的過程中，由於想保持發言的一致性，自然而然不容易說出「NO」。

那麼，有關我們談的那個商品…
後來我重新想了一下，品質的確相當好，但還沒進入量產系統對吧？

這麼一來就需要投入資金，我們公司實在…
沒錯，這的確是初期需要投資的商品，我能了解貴公司需要慎重考慮。

因此，我們準備了初期投資所需金額中的一千萬圓表示合作誠意。
砰

！
這是…

當然，這筆錢不是就這麼交給貴公司，
這是先從本公司的金融部門借出。
所以並不需要利息，償還時，只需要從這項商品的交易利潤扣除一部分即可。
這樣啊。
相較其他公司類似產品，這件商品雖然價格稍高，但相對有更好的品質。
只要能搭上現在「追求更高品質」的風潮，一千萬圓很快就能回本。
……
好！就是現在！
堅定

當時嶋田先生的建議…
聽好了，要是你說明時，對方面露難色，就使用「Yes－But技巧」。
那是什麼？
先肯定對方說的，然後再以「但是」、「不過」闡述意見。

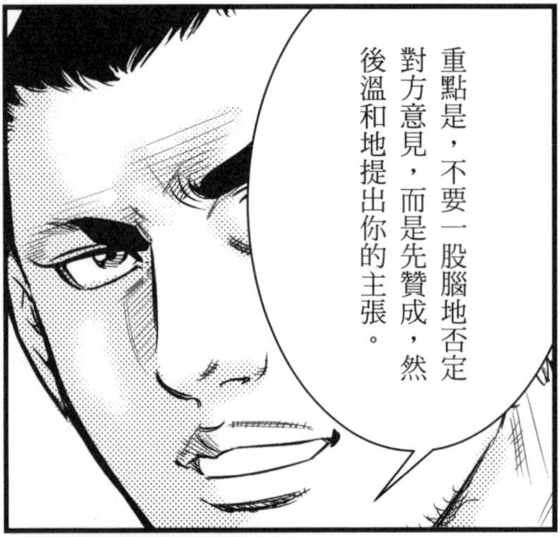
重點是，不要一股腦地否定對方意見，而是先贊成，然後溫和地提出你的主張。

Yes-But技巧

對方的主張

＋

但是　不過

＋

自己的主張

概括性肯定對方的主張，然後以「但是」、「不過」提出主張，是「Yes-But技巧」對話術的第一步。

突然要拿出這麼大的金額，當然會猶豫…但是，想想看，能以一千萬資金做到二千萬的生意，不是很划算嗎？
……
若是反應不太熱烈的話…

Yes-And技巧

對方的主張

＋

然後　　而且

＋

自己的主張

以「然後」、「而且」等連接詞，提出和對方的主張相關的建設性意見，這是應用型的「Yes—And技巧」。

就用嶋田先生教我的「Yes—And技巧」！
各位確實很慎重……

我認為這樣的慎重，是投資事業時不可或缺的（YES），
怎麼樣？必要的調查數據或收益模式，就由我們來準備（AND）。

我們一起讓這個事業成功吧！

聽你這麼說，這個合作似乎很不錯。
那我們就先回公司，認真檢視可行性。

非常感謝！
站起
我做到了！嶋田先生，利用你指導的技巧…
成功談成生意了！
人心就如同拋下魚餌，就開心地前來吃餌的魚。只要在魚鉤悄悄掛上魚餌，就能輕易釣起上鉤的獵物。
頭腦靈光的人，都是以這樣的方式，隨心所欲地操控人心。

專欄 1 交涉的基礎是讓對方接納自己

技巧 1 掌控對方心理，讓他接受要求

現代人與他人往來時，經常會牽涉複雜的利害關係，或是共事過程中彼此發生嚴重對立，因此，「交涉技巧」不可或缺。以下就介紹有利於交涉場合使用的心理技巧。

首先是「主詞的分別」。交涉場合中的交談，通常會使用第一人稱「我」。不過，若是多使用「大家」、「客戶」等包含自己以外的主詞，會有什麼效果呢？對方通常會更願意積極傾聽。

佛羅里達大西洋大學比伯·拉丹（Bibb Latane）從一項實驗中驗證了「同調行

為」（conformity）。在這項實驗中，他先找來七百七十四人參加實驗，並請他們從多種顏色挑選一個喜歡的色彩。接著安排另外一群偽裝的受試者加入實驗，並要求他們只能選擇同樣色彩。集合受試者與偽裝的受試者，重新進行同樣實驗，結果約有三一％的受試者選擇和偽裝受試者相同的顏色。

而這其中的關鍵在於「大家」這個主詞會影響對方的思考，使得對方不自覺撤除和他人間的籓籬。

技巧2 讓對方覺得「被理解」是一大重點

與人溝通時極為重要的是，要設法搭起和對方之間的橋樑。話雖如此，在當今如此複雜的現代社會，年齡、教育，與性格等條件都不盡相同，想要跟同質性低的人有個順利的溝通過程當然困難重重。

事實上，隔著談判桌和完全沒有共同點的對方交涉，要做出雙方都能接受的結論相當困難，這時能派上用場的心理技巧就是同步（pacing）。

人類有一種「同時性」（Synchronicity）的心理作用，也就是對於有相同想法或行為的人會抱著好感。同步技巧就是利用這種心理。同步技巧是配合對方說話方式和動作的一種溝通方式。當對方說話速度緩慢，也配合著變慢；對方驚訝時，也跟著表現出驚訝的反應。只要能善用這項技巧，再難纏的對象也有機會找出突破點。

但如果想完美地模仿對方的一舉一動，若不是專業的諮商師根本難以做到，而且過度露骨地模仿反而可能導致對方不悅。因此，建議以肉眼無法觀察、容易配合對方速度的「呼吸」進行模仿。看著對方胸口位置，對方吸氣時跟著吸氣，對方吐氣時也跟著吐氣……反覆這麼做，就能輕易地配合上對方的身體節奏。想讓對方對你抱持好感，不妨從這個技巧開始練習吧！

技巧3　任何人都渴望對方了解真正的自己

任何人內心都渴望「對方了解真正的自己」。有個技巧能迅速縮短人與人之間的距離，滿足這個欲求。那就是像嶋田社長所做的，指出對方的性格特質是「平時開朗、有活力，其實常有纖細敏感的一面」。

這就是「巴南效應」（Barnum effect），人們常會把一般的個性診斷，誤以為吻合自己，即使是「為工作或私人問題而煩惱」這類適用任何人的描述，也會傾向認為符合獨特的自己。

類似前面舉出的「平時開朗、有活力，其實常有纖細敏感的一面」這樣的兩面性格描述，特別有效。

指出對方和表面性格截然相反的一面，對方會感到內心被看透，對於可能了解自己不為人知一面的人，或許也會抱著興趣。

巴南效應

利用一些模糊、廣泛的形容詞描述一個人的性格，人們容易誤以為與自己相符，相信所述內容正是自己，這就是「巴南效應」。

巴南效應容易成立的條件

① 相信分析內容具獨特性，只有自己符合。

② 信任評價者的權威。

③ 分析內容指出性格的兩面性。

嶋田社長教給上班族渡部先生的「Yes-But技巧」、「Yes-And技巧」是廣為人知的銷售基本話術技巧。暫時先肯定對方的意見，然後再以「但是」、「不過」提出主張，這是「Yes-But技巧」。這麼做不但可以避免斷然否定對方意見，同時也能充分表達自己的想法，大幅減少無謂的磨擦。

話雖如此，即使運用這個方法，也有人會因為意見無法完全被接受而感到不滿，這時候「Yes-And技巧」就很重要。以「然後」、「而且」作為連接詞，令人聽起來更容易覺得意見被接納與尊重。

Yes-But技巧

對方的主張
＋
但是　不過
＋
自己的主張

概括性肯定對方的主張，然後以「但是」、「不過」提出主張，是「Yes-But技巧」對話術的第一步。

Yes-And技巧

對方的主張
＋
然後　而且
＋
自己的主張

以「然後」、「而且」等連接詞，提出和對方的主張相關的建設性意見，這是應用型的「Yes-And技巧」。

技巧5

營造「讓人難以拒絕」的談話氣氛

商業往來的交談通常會先從不痛不癢的閒聊開始，作為溝通前的熱身，同時登場人物也如嶋田說明般，在交涉前就開始布局。

人往往會有追求「前後一致」的心理作用，也就是對於自己的行為或發言希望保持前後一致。運用這個原理，在閒聊時先利用自己的發言持續誘使對方說出「YES」，等到正式進入交涉，對於你所提出的要求，對方將因為難以說出「NO」，而點頭答應的可能性很高。

關鍵在於如何在一開始就營造讓對方滿意的談話內容與氣氛。例如，詢問「今天天氣真好」等天氣或新聞話題時，對方只能回答「是啊」，以

YES心理定向

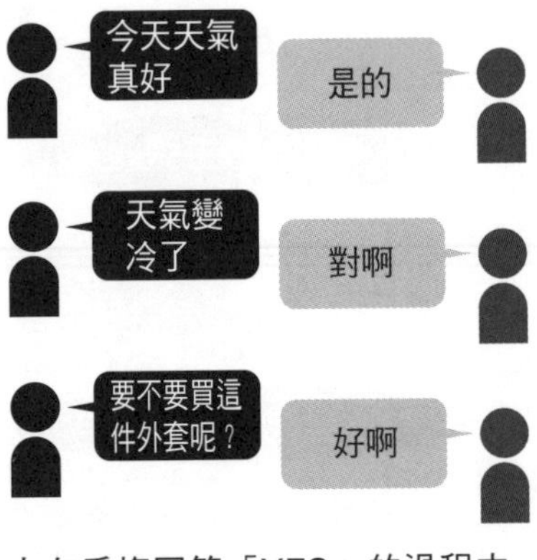
今天天氣真好
是的
天氣變冷了
對啊
要不要買這件外套呢？
好啊

人在重複回答「YES」的過程中，由於想保持發言的一致性，自然而然不容易說出「NO」。

這個方法持續提問，製造出一個令對方難以回答「ＮＯ」的氛圍。

在商場上或是生活中的交涉場合，肯定會有許多迎合對方的機會，絕對要好好把握加以應用「ＹＥＳ心理定向」，讓對方不知不覺接受你的要求。

責備一無是處的自己，
永遠無法得到幸福。
唯有勇敢認同現在的自己，
才能成為真正的強者。

——阿爾弗雷德・阿德勒（Alfred Adler）

第2章
外表改變，評價也會改變

鏘鏘鏘
鏘鏘鏘
出來！出來！出來！
拜託給我出來！
鏘鏘鏘
鏘鏘
滾落
這是最後一次了說…
顫抖…
顫抖…
唉…又輸光了。
後天還款怎麼辦？借得到的消費貸款全都用光了…
加上利息，超過二百萬了…
步伐沉重
有氣無力
我就是廢柴，做什麼事都徒勞無功…
！

怎麼回事…？充滿了壓迫感！他看起來明明是個混混，卻戴著金項鍊…有本事的人就是不一樣啊…
啪！
咦？
！！
衝向前
這…這麼多大鈔…
翻
第一次看到錢包裡有這麼多鈔票…
有了這筆錢，不但能還清後天的錢，也能大大減少借款…
反正那傢伙不知道，而且四下無人，我不正是大大走運了嗎？
……
西望
東張
不，不行！侵占他人財物就成了人渣，我這輩子也就完了。
請等一下！

你錢包掉了喔！
……
遞
你怎麼沒拿走這個錢包？不是四下無人嗎？
咦？這是…為人處世啊…
看起來活在社會底層的人竟然把「為人處世」掛在嘴上…還真老實。
總之，謝啦。
何必說那麼白…
遞
我是放高利貸的，要是有急用，就給你VIP優待。
微笑金融
社長
嶋田孝
東京都新宿區
高利貸！
我可以現在就使用這項優待嗎？
現在剛好有困難…
艾爾斯
微笑金融
我回來了。
咦？社長有客人？

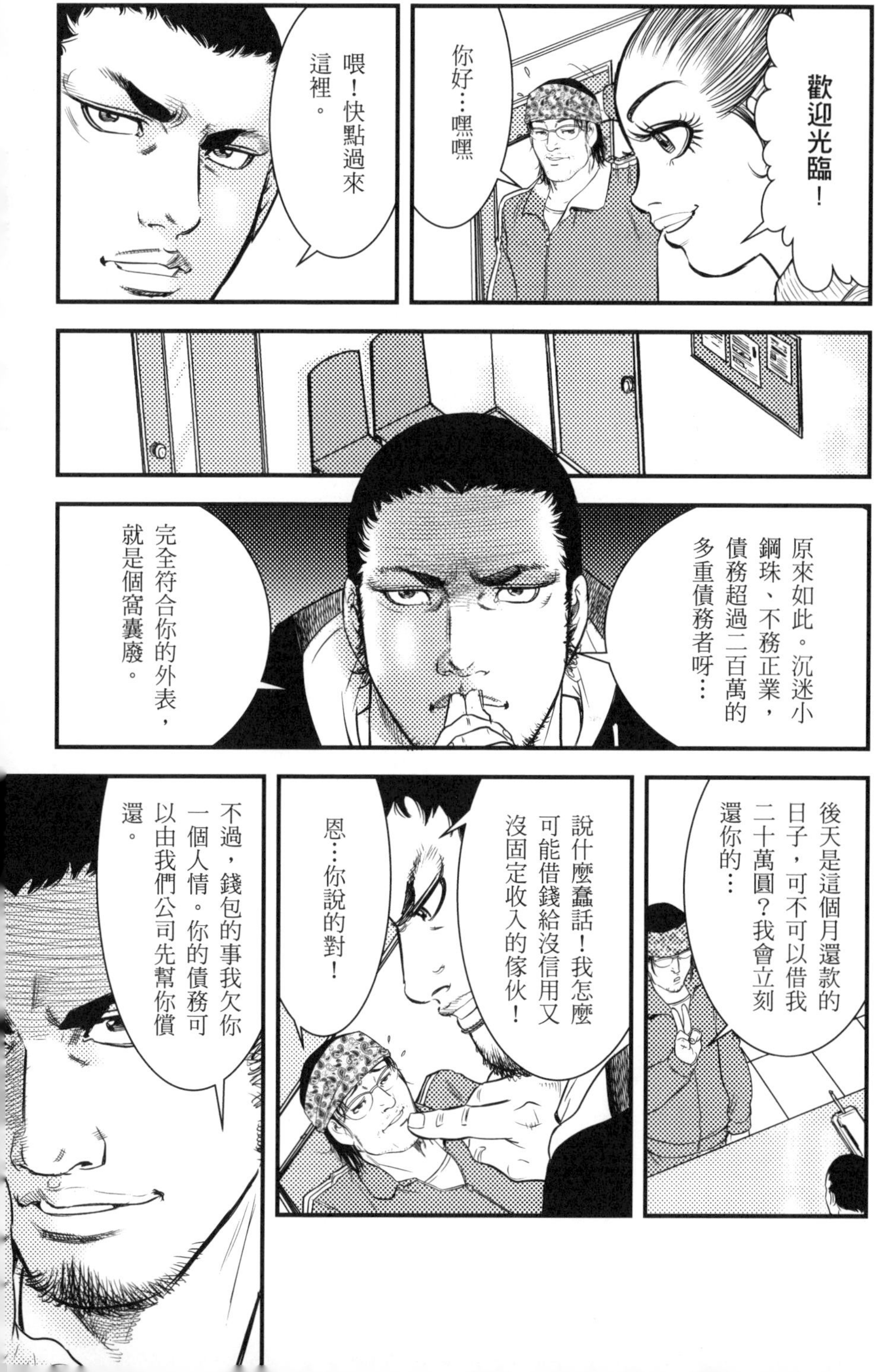
歡迎光臨！
你好…嘿嘿
喂！快點過來這裡。
原來如此。沉迷小鋼珠、不務正業，債務超過二百萬的多重債務者呀…
完全符合你的外表，就是個窩囊廢。
後天是這個月還款的日子，可不可以借我二十萬圓？我會立刻還你的…
說什麼蠢話！我怎麼可能借錢給沒信用又沒固定收入的傢伙！
恩…你說的對！
不過，錢包的事我欠你一個人情。你的債務可以由我們公司先幫你償還。

真的嗎？
吵死了！不要那麼大聲！
不過，我有條件。你必須照我的建議去做，一個月內找到固定工作。
接著，我會幫你擬好還債計畫。
一個月以內…這太離譜了，我可是打了六年的零工耶…
要是不願意就趁早滾蛋！
好啦！我照做就是…
你聽著，照我說的不會錯。
真可疑。第一次見面的人幹嘛這麼幫我…？他想騙我？
哼！你這個表情瞞不了我，我沒打算騙你。
咦？

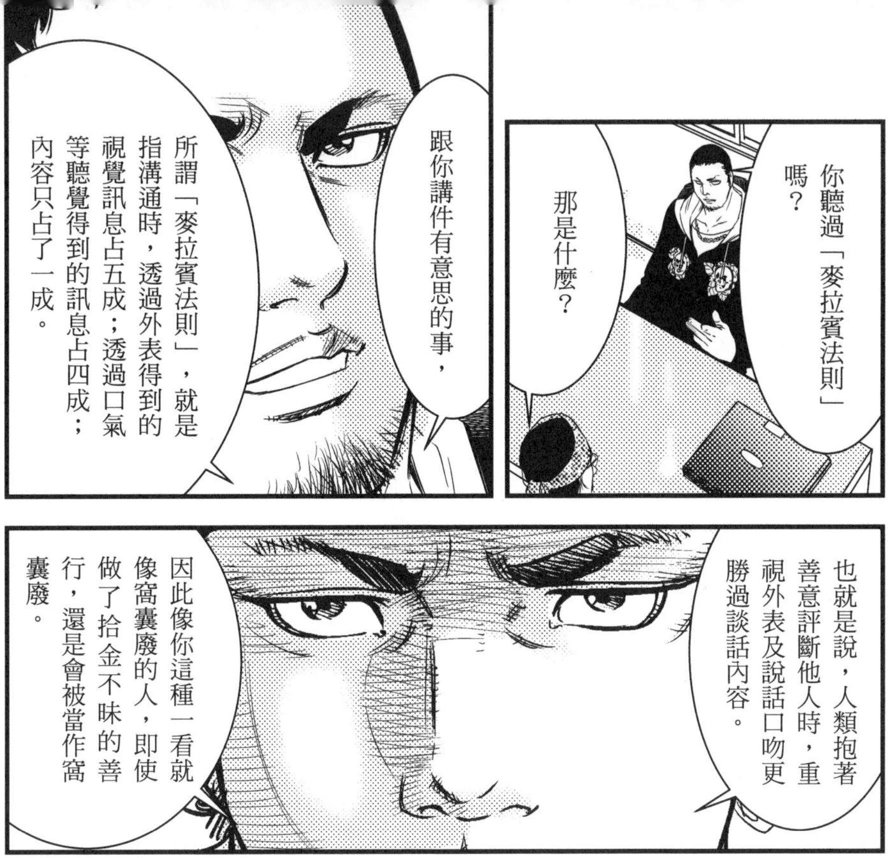
你聽過「麥拉賓法則」嗎？
那是什麼？
跟你講件有意思的事，
所謂「麥拉賓法則」，就是指溝通時，透過外表得到的視覺訊息占五成；透過口氣等聽覺得到的訊息占四成；內容只占了一成。
也就是說，人類抱著善意評斷他人時，重視外表及說話口吻更勝過談話內容。
因此像你這種一看就像窩囊廢的人，即使做了拾金不昧的善行，還是會被當作窩囊廢。

「麥拉賓法則」

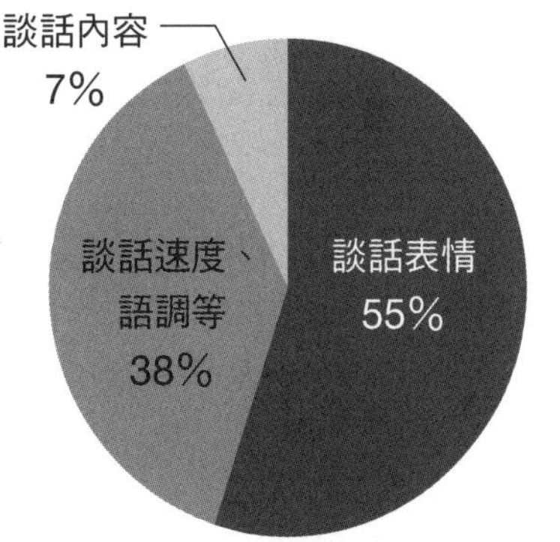
談話內容 7%
談話速度、語調等 38%
談話表情 55%

心理學家進行了一項實驗，觀察談話時，聆聽者對於說話者的印象，根據內容、表情及聲音會產生多少影響。

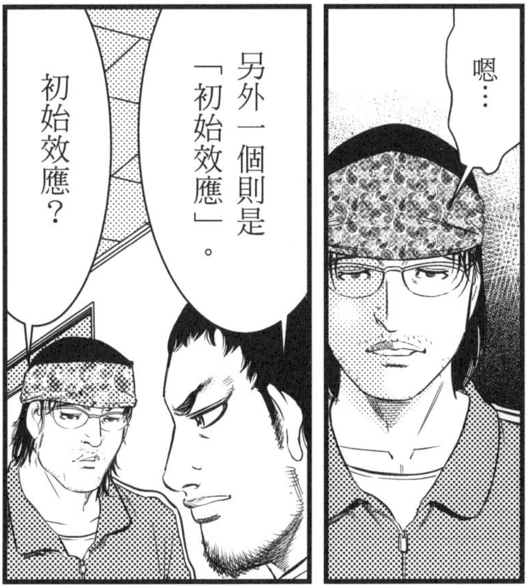
嗯…
另外一個則是「初始效應」。
初始效應？

人們通常會以粗淺的第一印象來判斷他人。而且想推翻初次見面前三分鐘接收到的印象非常困難。
好像很恐怖
好像很親切
好像很開朗
好像很陰沉
看起來
難相處

之後不論做什麼，都只會選擇和第一印象相同的訊息。
這就是為什麼我一見到你剛開始的○・五秒內，就看穿你是個窩囊廢，後來一直難以擺脫這個印象。

什麼……

真是單純的傢伙。
聽好了！只要用腦袋想一下就知道了吧？如果初始效應反過來運用會如何？

初始效應

蘋果
橘子
香蕉
葡萄
檸檬
鳳梨

背下詞彙時，通常越早出現的詞彙越容易記得，這也是「初始效應」。

既然如此，只要一開始見面的三分鐘，讓對方覺得你是個正經人，內在再怎麼一無是處的你…
不是也能讓人認定你是個正經人嗎？
啊！
如何？稍微覺得行得通了吧？
是的！睽違六年，這次我似乎可以找到固定工作。
那麼，接下來我就教你如何瞞過人心的訣竅。
艾爾斯
微笑金融
首先，最基本的是服裝。你總該有套西裝吧？
不，我沒有…

果然被我料中…便宜的也沒關係，立刻去買一套來！
可是錢…
全部算在借款裡面！尾崎，妳幫我好好打理這小子。
好的～社長！
聽好了！不論店員怎麼天花亂墜，買西裝時，絕對不要選花俏的顏色，一定要挑黑色系。
咦？為什麼？
黑色是能表現威嚴及風格的色彩喔！
像面試這類重要的場合，若是想表現存在感，選黑色絕對錯不了！
不過，純黑色有時也會令人聯想到婚喪喜慶才穿的禮服，
所以暗灰色或深藍色是主流。

相反的，需要賠罪時，灰色比較好。
以色彩心理學來說，灰色給別人的印象，是沒有警戒心，穩重的現象。
深感抱歉！
電視看到政商名人開記者會道歉時，通常西裝或領帶都是灰色居多。
那要是我還錢還得慢了，就穿灰色的來！
混帳！你找死嗎？
不…我只是開開玩笑…
順便一提，藍色能讓人心情平靜，提高專注力。

色彩心理學

紅	讓心情高昂 激發幹勁
藍	讓內心沉著 提高專注力
黃	讓心情愉快 給人親近感
綠	能得到安心感 帶來平靜
紫	給人高貴印象 身心安定

色彩對於身心具有不同影響，選擇色彩合宜的衣服及裝飾品就能產生良好效果。

綠色能給人安心感，帶來平靜……
好好記住這些，對你沒壞處。
是！

2小時後
艾爾斯
微笑金融
我回來了~
喔！

亂七八糟的長髮也在美容院打理過了。
總覺得冷颼颼…
這不是看起來人模人樣了嗎？
只要穿上西裝，氣質看起來就完全不同，男人打扮還真是簡單呢！
那麼，接下來注意你說話時，臉保持二十度。
20°
這…這樣嗎？
沒錯，大概這個角度。
為什麼連這種細節都要注意呢？
這是因為…

加拿大的麥基爾大學曾進行過一項實驗，研究臉的角度與變化，所產生的印象差異。
結果發現，臉保持二十度看起來最令人愉快，給他人的印象最好。

臉的角度心理效果

麥基爾大學運用電腦繪圖所做的實驗，發現下巴抬高二十度時給人印象最好，抬到三十度則給人傲慢的印象。

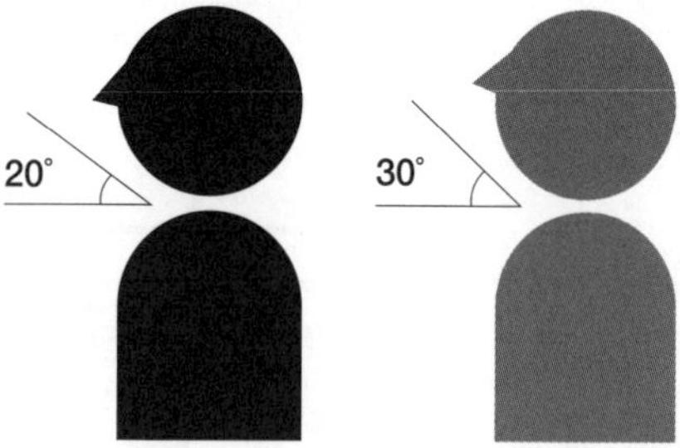
20°
30°

之前說的「初始效應」你應該懂了吧？
是的。

接下來，記住「時近效應」。
時近效應？

我說過初始效應會影響給人的第一印象好壞，對吧？
你好
你好
但是，人類對於最後才獲得的資訊會留下強烈印象。
大家不是常說「只要結局好就一切都好」嗎？
這就稱為時近效應。
不理不睬
例如：「他雖然很優秀，但別人說話都不聽…」

或是，「他雖然不聽別人說話，但是很優秀…」
竊竊私語
後面才說的言詞被強調了，因此明明是同樣的內容，印象效果卻不一樣。
專注工作
專注工作

時近效應

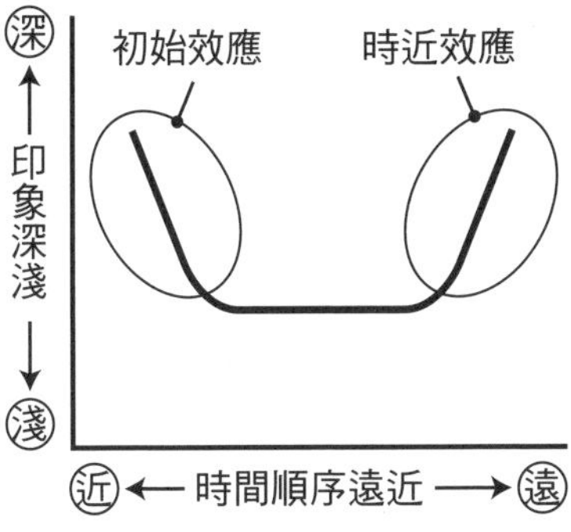
深
印象深淺
淺
初始效應
時近效應
近
時間順序遠近
遠

距離時間最近的經驗容易留下記憶的是「時近效應」，再加上初始效應的影響，最不容易記住的是中途發生的事情。

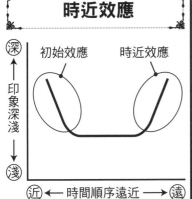

原來如此，那嶋田先生就是「雖然是個好人卻很粗暴」對吧？
！
我討厭這種玩笑！
揍
好痛！
果然還是恐怖又粗暴的人…
接下來很重要，仔細聽好！
因為大家都了解初始效應的效果，所以最初的印象大家不相上下。
和他人要拉出差距，相反的，時近效應更有效果。
還有，面試完要離開時，表現出有自信的樣子，應該能留下好印象。你做得到吧！
是…是的，我會加油！

剛開始跟最後是關鍵…
唸唸有詞
唸唸有詞
剛開始跟最後是關鍵…
好！沒問題！我絕對做得到！
握拳
中山先生，請進。
迅速
是！

艾爾斯
微笑金融
若是中山先生能求職順利就太好了。
妳以為是誰直接從言行舉止到面試回答，都手把手地指導他的？
怎麼可能不順利？
我接下來可要回收更多在他身上的投資…
啊！我做到了！我錄取了！
錄取通知
敬啟者　感謝您不久前參與本公司的
才召募，同時感謝您這段期間的
協助。
經本公司慎重嚴格地甄選，
司的甄試。竭誠歡迎您的加
司共同奮鬥的夥伴。請依
報到為荷。

專欄 2 第一印象的重要，善用外表快速提升好感

技巧 1 「外表占印象的九成」是真的嗎？

「一個人重要的是內涵而不是外表」。我們經常可以聽到這樣的台詞，但這是真的嗎？這一章我要介紹的正是受到外表或印象等「外觀因素」控制的心理技巧。

不論發表的內容多麼精彩，如果說話者表現一臉不悅，或是口齒含糊不清，就無法打動人心。人與人之間在溝通時，表情及說話方式是非常重要的因素。

心理學家艾伯特・麥拉賓（Albert Mehrabian）曾進行一項實驗，研究人在聆聽時，表情或聲音對說話內容的影響。結果發現人們溝通時，視覺訊息（說話者的表情等）占五五％；聽覺訊息（語調或語氣）占三八％；說話內容只占了七％，稱為麥拉賓法則（Rule of Mehrabian）。雖然麥拉賓認為並非每次的溝通都全然吻合這個實驗結果，但是從嶋田社長規勸中山先生改變外在形象的例子，應該可以很清楚人與人之間溝通時，說話者的表達方式、神情、動作等視覺要素的重要性吧？

技巧2 越早得到的訊息越容易留到最後

你是否曾有過這樣的經驗？學生時期考試前的準備，一開始閱讀的內容記得一清二楚，卻完全不記得中途所讀的內容，而懊惱不已。其實，這種反應是天性使然，不是你不夠用功，而是和人具有的「初始效應」（primacy effect）心理傾向有關。

人的記憶分為短期記憶及長期記憶。

初始效應

背下詞彙時，通常越前面出現的詞彙越容易記得，這也是「初始效應」。

「為了準備考試而囫圇吞棗記住的課文」，和「拿便條紙以前，暫時背下來的電話號碼」，都是只能持續極短暫時間的短期記憶，要把這些短期記憶轉換為「隨時都能想起來」的長期記憶，需要的轉換作業是「在腦內再三複習短期記憶的內容」。

剛開始閱讀的內容，是在記憶過程中最早的作業，越早閱讀的內容，越容易記住。

這個效應也會發生在對他人的印象上。每當想起某個人時，就會浮現初次見面的印象，不知不覺中這個印象就會在腦海中定型，所以務必注意初次見面時留給他人的印象。

技巧 3　不只開始，也須留意分別之際的表現

和「初始效應」同樣廣為人知的是「時近效應」（recency effect），這是指「最後發生的事更容易留下印象」的心理傾向。原理和「初始效應」相似，由於要形成長期記憶而重複記憶時，以時間順序來看，最接近當前時間點的事項，記憶最深刻。

運用在人際關係也會產生極大的效果，若是你想留給某個人好印象，只以「初始效應」為目標，給對方留下良好的第一印象還不夠，最好也能在道別前用心表現讓對方有個好印象作收尾。不論見面過程中令對方擁有多麼良好的感覺，若不慎在分別之際留下惡劣印象，將會留下極為深刻的烙印，使得你前面所做的努力付諸流水。

因此，說得極端一點，與其在會面過程中不斷力求表現，不如把心思花費在分別前，極力讓對方留下良好印象才是關鍵！

時近效應

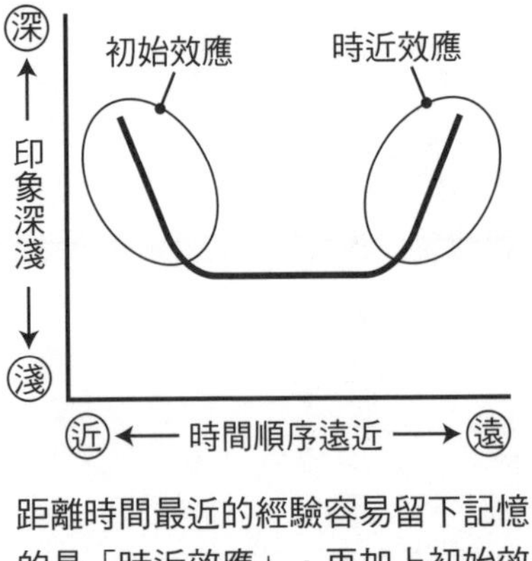

距離時間最近的經驗容易留下記憶的是「時近效應」，再加上初始效應的影響，最不容易記住的是中途發生的事情。

技巧 4

臉部角度的誤差，給人南轅北轍的印象

你應該有過這樣的經驗：平時表情看起來很凶惡的人，突然在轉瞬間看起來變得和善。這是因為人的表情從不同角度看給他人的印象有極大差異。

加拿大的麥基爾大學曾進行一項實驗，使用電腦繪圖表現人臉圖像，以十度為間隔調整，觀察給人的印象差異。結果發現，下巴抬高二十度時，給人最愉快親切的印象。但是，一旦臉的角度抬高到三十度時，則給人傲慢的感覺。下巴上抬通常令人感覺充滿自信，但是臉部過度傾斜則會給人不好的印象，必須特別留意。

臉的角度心理效果

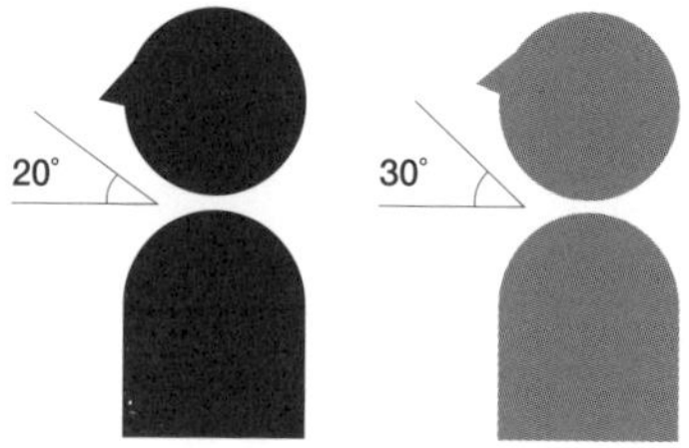

麥基爾大學運用電腦繪圖所做的實驗，發現下巴抬高二十度時給人印象最佳，抬到三十度則給人傲慢的印象。

技巧5

運用色彩效果，任意地改變自己及他人心情

如同漫畫中嶋田社長和尾崎小姐的解說，人們對於色彩有固定的印象，以及對身心效果的影響。若是能運用自如，配合不同場合選擇適當色彩，人際關係應該就會更圓滿。

首先是紅色，紅色具有讓心情高昂，激發幹勁的效果。在需要加油打氣時，建議可使用紅色的裝飾品。其次是藍色，能讓內心沉著，提高專注力。有些公司會把需要冷靜討論問題的會議室裝潢成藍色。其他如本頁圖表所示，不同色彩會給人不同印象，讀者不妨加以有效

色彩心理學

紅	讓心情高昂 激發幹勁
藍	讓內心沉著 提高專注力
黃	讓心情愉快 給人親近感
綠	能得到安心感 帶來平靜
紫	給人高貴印象 身心安定

色彩對於身心具有不同影響，選擇色彩合宜的衣服及裝飾品就能產生良好效果。

運用在生活中。

黑白色系也具有不同的效果。以黑色為例，能顯示存在感及威嚴。在交涉時，若想強調「這個部分絕不讓步」的主張時，將是極為安全有效的用色選擇。另一方面，不想刺激對方時使用灰色很有效，能給人穩重的印象，也有突顯誠意及尊重對方的良好效果。

人類都有追求自我實現的需求。

——亞伯拉罕・馬斯洛（Abraham Maslow）

第3章
迅速拉近與
曖昧對象的距離

艾爾斯
微笑金融
這裡很危險……
要小心……
社長，小嶋小姐有事找您，
要讓她現在進來嗎？
跟她說我還在忙，
我一聽她說話就頭痛。
小心翼翼
社長～
你好！
啪！

你竟然為了玩遊戲讓客人苦苦等候，這怎麼行？
你已經不算客人了吧？
喂～社長好無情！
如果不想借錢，就快滾回去，我沒空和妳耗。
咕
咕
不是錢的問題啦，我有事想跟你說。
八成又被無聊男子騙了，對吧？
原來社長也有猜錯的時候！
臭小妞⋯⋯
是這樣的，有個同事田中最近令我很在意，
希望你能給我好建議。

受不了，妳煩不煩啊？之前妳不是才跟一個人渣牽扯不清，吃盡苦頭不是嗎？
當時的借款好不容易都快還清了，妳也差不多該清醒了！
……
社長！你這麼說，她太可憐了。
啊，抱歉。那…妳希望我給什麼建議？
就…就是因為我想找到好男人，渴望得到幸福嘛。請你給我能夠幸福的建議，大哥。
還大哥咧…真佩服妳心臟這麼大顆…妳說的田中，是個什麼樣的男人？
嗯，他很開朗，人緣很好…而且對我非常溫柔體貼。

我前陣子被男友甩了，所以心情鬱悶，他經常約我出去，為我打氣。
才剛被甩，馬上就跟下個男人交往…妳這個女人還真不怕死。不過，妳也應該要警戒一點吧！
社長你真是的！完全不懂女人心。讓受傷的心靈痊癒最好的方法，就是展開新戀情，你沒聽過嗎？
喔，是嗎？不過，有一點我很在意。
什麼事？
心理學家沃爾特．米歇爾曾經進行過一個實驗，
他集合了一群女學生接受性格測試，並告訴其中一部分的學生：「妳的個性不可能被人喜愛。」這種過分的內容。

後來當帥哥邀請她們吃飯時，被批評個性不受歡迎的女學生，多數都答應了帥哥的邀請，迅速上鉤。

這叫做「善意的自尊理論」，任何人在心情低落時，都渴望得到別人關懷，
只要看準時機，再加上幾句甜言蜜語，就能輕而易舉地拉近兩人距離。

田中才不是那麼壞心眼的人，社長太不信任別人了！

我相信他，他就是我的真命天子。
戀愛是盲目的，真羨慕妳這種人～

善意的自尊理論

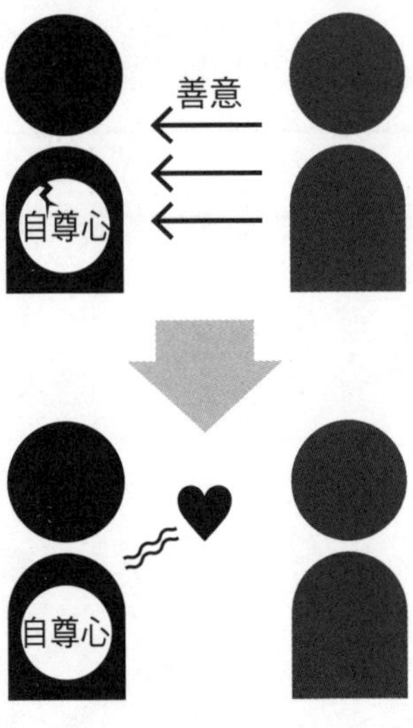
善意
自尊心
自尊心

當人處在自我評價低的時候，對於他人表達的善意，比平時更容易產生好感。

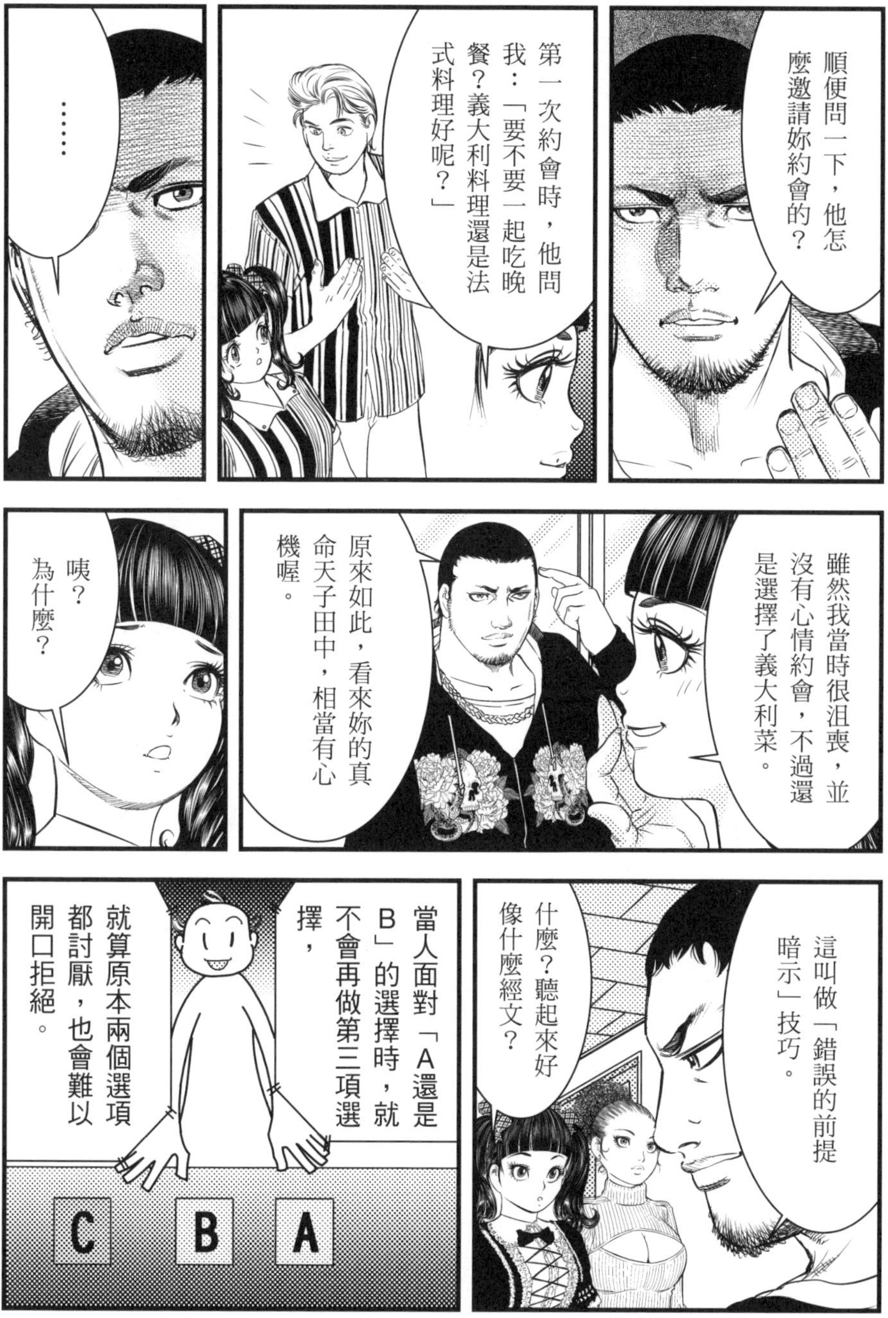
順便問一下，他怎麼邀請妳約會的？
第一次約會時，他問我：「要不要一起吃晚餐？義大利料理還是法式料理好呢？」
……
雖然我當時很沮喪，並沒有心情約會，不過還是選擇了義大利菜。
原來如此，看來妳的真命天子田中，相當有心機喔。
咦？為什麼？
這叫做「錯誤的前提暗示」技巧。
什麼？聽起來好像什麼經文？
當人面對「A還是B」的選擇時，就不會再做第三項選擇，
就算原本兩個選項都討厭，也會難以開口拒絕。
C
B
A

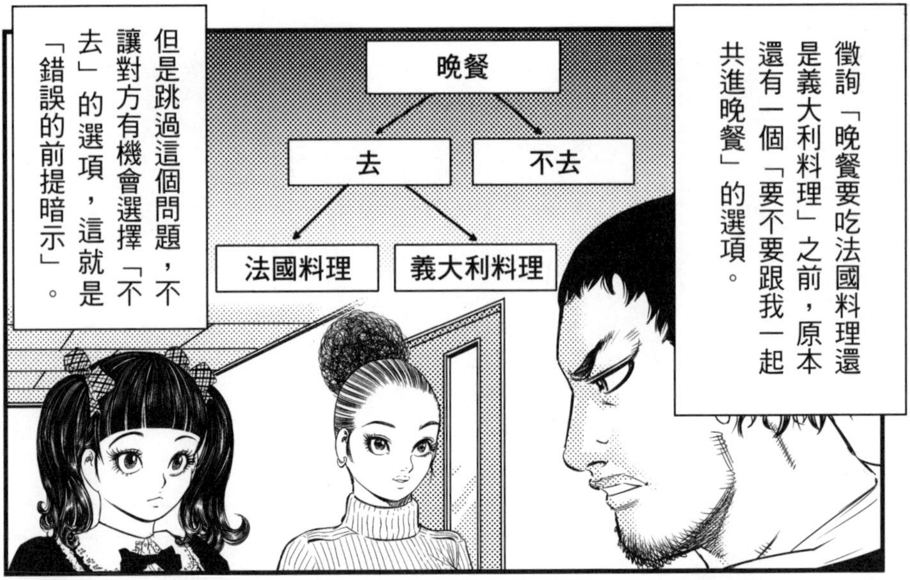
徵詢「晚餐要吃法國料理還是義大利料理」之前，原本還有一個「要不要跟我一起共進晚餐」的選項。
晚餐
去
不去
法國料理
義大利料理
但是跳過這個問題，不讓對方有機會選擇「不去」的選項，這就是「錯誤的前提暗示」。

啊！原來如此！不愧是大哥，頭腦真好。

不是佩服的時候吧？是因為妳破綻實在太多…

錯誤的前提暗示

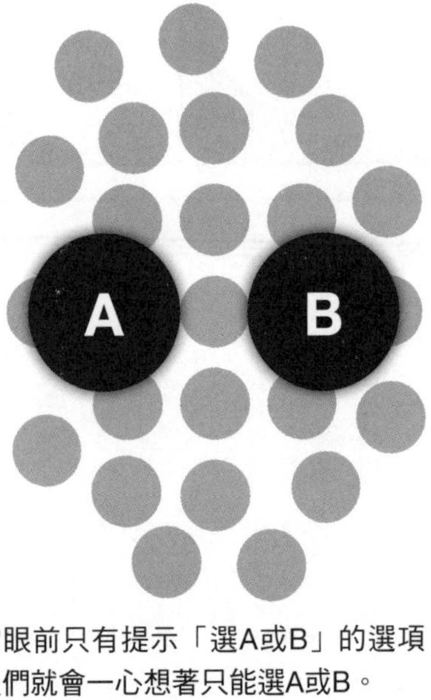
A
B

當眼前只有提示「選A或B」的選項，人們就會一心想著只能選A或B。

有什麼關係？這就表示我有魅力，所以他才會費心邀請我，
吃完飯後，我們還去酒吧喝了點酒。
雖然有點醉了，不過非常開心…
去酒吧時，他推薦妳喝什麼飲料？
嗯…他提了一些女性也很容易入口的推薦，
有卡魯哇咖啡香甜酒、長島冰茶等，都很好喝喔！
這個兔崽子根本蓄意犯罪！
眼神一亮
聽好了！人都有所謂的「人際空間距離」，當別人過度靠近四周，會感到不愉快或不安。
人際空間距離

根據美國的文化人類學者愛德華·霍爾的分類是這個樣子。
人際空間距離
公眾距離
社會距離
個人距離
親密距離
他人接近時感到不愉快的「人際空間距離」，愛德華·霍爾將它分為四個層次。
如果交情不深的人靠太近，確實很討厭。
說的也是…
反過來說…如果稍微強制地不斷侵入私人的人際空間…
就會對對方抱著親近感。
而且…
能夠自然地進入對方個人空間的最佳場所…

哪裡？在哪裡？快告訴我！
就是田中邀妳去的酒吧。
男女兩人進入酒吧時，有很高的機率會被帶往吧檯。
啊，我們那時的確是坐吧檯…
在狹窄的吧檯彼此就會自然地靠近，當周遭吵雜或店裡音樂聲較大時，交談時彼此的臉也會靠得很近。
然後再加上酒精助興，形成完美的場景。
……
順便告訴妳，他推薦妳喝的酒，又叫「處女殺手」，方便把女方灌醉打包帶回去時常用的調酒。

算計到這種地步真是太厲害了！
不過，我沒有被他打包帶走…
妳是白痴嗎？在他眼中，妳就是這麼容易上鉤的女人喔！
換個說法，也可以說是「不用心想對策，就無法攻陷的好女人」呀！
給白痴任何忠告都白費…給我滾！
好過分！
可是社長，女人就是明知男人耍了什麼手段，反而覺得對方在拼命取悅自己，而感到開心呀！
就是嘛！尾崎小姐果然懂！
真是的！你們這些女人…
不過，對方差不多快設下真正的陷阱了。

如果不提防一點，繼續拖泥帶水的關係，絕對會造成麻煩，一定要小心！
社長真是的，你想太多了！
田中才不是那種人。他因為失眠而服用安眠藥，卻還為我擔心，是個很體貼的人喔！
什麼？你剛剛說安眠藥？你們為什麼會提起這件事？
討厭！社長的表情嚇死人了！
驚！
嗯，就是我上完洗手間回到座位時……
讓你久等了！
啊……
唰

!!
那是安眠藥嗎？你常失眠嗎？
啊…是的，最近睡得不太好。
你很擔心吧？我前陣子也是睡不著，請醫生開藥給我，失眠很痛苦對吧？
是…是啊。
不過，我最近只要喝了酒，就能馬上睡著了。
……
這個田中還真是個垃圾！
罵他垃圾太過分了。社長…他看起來真的很痛苦耶…
因為他是垃圾，我才叫他垃圾！他是打算用藥讓女人睡著，以便獸欲得逞，簡直是低級的下三濫！
什麼？

妳這傢伙還真走運！
下次他再邀妳去酒吧時，妳先藉故中途離開，然後躲起來偷看，妳就可以知道心愛田中的真面目了！
……
我去一下洗手間喔！
好的。

沙沙沙
真是的…上次差點得手時竟然給我跑回來…這次絕對要送妳進入夢鄉。
!!
讓你久等了…
來，看樣子我們今天可能要喝到天亮了…
嗯…
……
咕嘟
對了，田中！你剛剛在我的杯子裡倒入了什麼東西？
放下
咦？

我剛剛都看到了！
呃…那是…
田中…
別小看純情少女！你這個下三濫！
啪！
啪！
使用甜言蜜語討好女人也就罷了，
顫抖
背地裡下安眠藥，已經構成犯罪了！
對…對不起！
啪！

艾爾斯
微笑金融
社長，告訴我怎麼擄獲白馬王子，得到幸福的技巧嘛！
怎麼…妳又來了？
我…我想得到幸福嘛！告訴我嘛！
倏地
妳…妳別再靠近了！
為~什麼？像我這麼可愛的少女待在你身邊，你應該很開心吧？
可愛不可愛是由我決定。
別侵犯我的個人空間！

專欄 3 用心理學解決戀愛煩惱

技巧1 先籠絡好友和你同一陣線

不管任何時代，戀愛的煩惱總是無法絕跡。明明有心儀的對象，卻不知道該怎麼接近……為了這樣的人，這一章將詳細解說如何使用心理學技巧，拉近與曖昧對象的距離。

首先，若是和曖昧對象之間有共同朋友，不妨透過友人旁敲側擊，如果對方對你的印象還不錯，就是運用「定著效應」的機會。

所謂「定著效應」，當你聽到他人有和自己相同的看法時，會更加堅信自己的看法，產生「果然沒錯」的心理效果。只要一開始曖昧對象認為自己對你的「感覺還不錯」，就可以運用這個心理效果，透過友人逐漸加強好印象，不斷提升好感度。

另外，這個做法可能也會產生「溫莎效應」（參考第四章）。順利的話，藉由第三者讓曖昧對象對你的好感膨脹，兩人之間的距離就能一口氣拉近吧？

技巧2 不直接靠近目標，而是接近交友圈

若是沒有共同朋友，和曖昧對象也幾乎沒有交流……這種情況下，不妨先接近包含對方在內的朋友群，先和他們成為好友。

當人們單獨一人時，會為了避免受到他人的傷害或威脅而鞏固心防，這時候突然接近，對方當然會保持戒心。不過，若是接近數人形成的團體，對方不至於像獨自落單時抱著戒心，應該會鬆懈心防。

這就是利用「社會認同」心理效果的手法。當人們屬於某個團體或組織時，容易抱著團體力量或成果也屬於自己的心理，因此，在團體中往往會產生自己也擁有相同力量的錯覺，因此能夠緩和心理防衛。

話雖如此，即使處在團體中，也不可以突然接近愛慕的人！這麼做的話，將會解除對方的社會認同效果，對你抱著強烈的不信任。應當暫時讓對方看到你和整個團體感情良好的互動表現。

順便一提，這個方法也可以運用在搭訕時。向孤身一人的女性搭訕，對方理都不理就沒戲唱了，倘若是針對成群結隊的團體，突襲式地取悅對方，通常對方都會鬆下戒心而提高成功機率。請務必一試。

技巧3 對方心情低落時，是感情升溫的絕佳機會

接下來要介紹的，是漫畫中嶋田社長說明的「善意的自尊理論」。當自尊心受到傷害之時得到他人善意，會比平時更容易對於對方抱著好感的心理傾向。

人們常在與他人比較時，給自己較低的自我評價，而且，當人因為某個原因以致自尊心低落時，相對地會覺得周圍的人看起來更優秀更有魅力。

而且心情沮喪時，期盼他人安慰的欲望更加強烈，因此一旦身旁有人釋出善意，

就容易抱著極大好感。

花心男田中正是看準小嶋小姐剛被男友拋棄的絕佳時機而接近她，這不僅適用於男女戀愛，在一般的人際關係中也非常有效。例如公司中交惡的同事，或平時很少接觸的公司新人犯錯時，若是你比任何人都早一步到對方身旁，給予關懷慰藉，對方想必會感謝你的好意，因此建立良好的關係吧！

善意的自尊理論

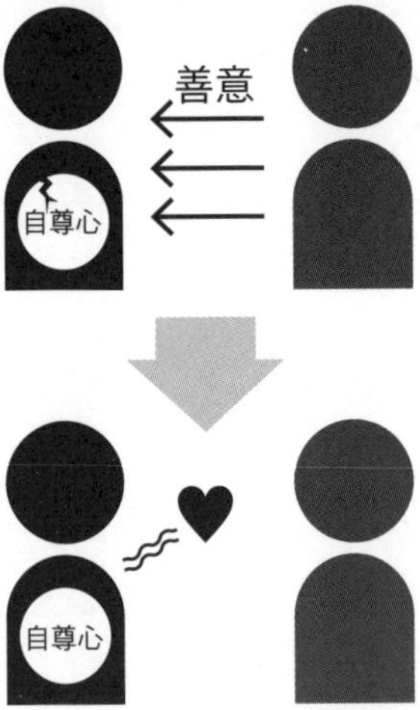

當人處在自我評價低的時候，對於他人表達的善意，比平時更容易產生好感。

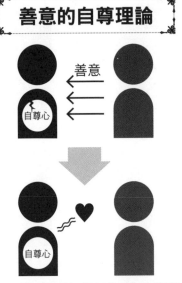

技巧4　容易誘導對方的魔法詢問法

即使和對方交情變深了，也會擔心「萬一被拒絕時該怎麼辦？」而猶豫著進一步邀約。這時能派上用場的就是漫畫中使用的，讓對方難以拒絕的提案方法——「錯誤的前提暗示」。

「一起去吃晚餐吧！你想吃法式料理還是義大利料理？」被這麼一問，自然而然形成在兩個選項中挑選一項的氛圍。但是在此希望你先等一下，你是否清楚這個問題其實無視了最初「一起去或不去

錯誤的前提暗示

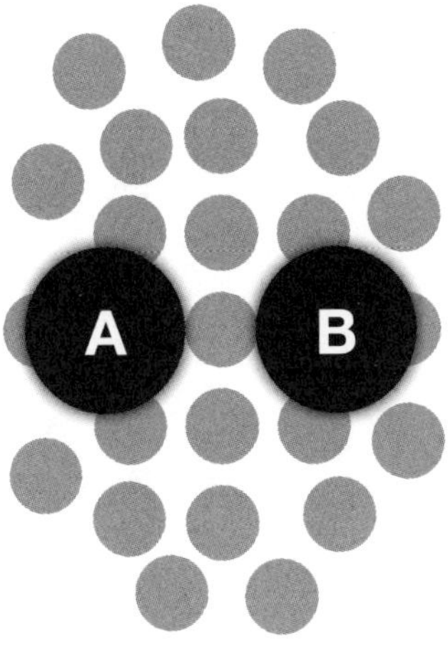

當眼前只有提示「選A或B」的選項，人們就會一心想著只能選A或B。

吃晚餐」的問題，直接以「要去什麼餐廳？」當作提問。像這樣把重要的問題作為默許的前提而省略，將對方誘導往對自己有利的方向，就是「錯誤的前提暗示」。重要的是採取二擇一，不是問對方「我們去吃法式料理好嗎？」，讓對方回答「好或不好」，而是在於讓對方陷入必須從兩個選項中選擇其中之一的錯覺。

技巧5 拉近彼此身體及感情的距離

接下來，若是運用前面的技巧，順利和曖昧對象約會，最後不妨努力邀請對方去酒吧喝杯酒再回家。

就如嶋田社長的解說，每個人都有所謂的「人際空間距離」（personal space），根據與身體的距離，由近而遠如下：

①**親密距離**：家人及男女朋友

②**個人距離**：朋友及熟識者

③**社會距離**：生意往來關係客戶

④**公眾距離**：陌生人

這是一般的人際關係距離，不過，就如嶋田的說明，當人持續略為強制地侵入某個程度的個人領域時，反而能夠讓對方抱著親近感。因此，能夠自然拉近身體距離的酒吧，是相當適合拉近感情距離的場所。

人際空間距離

他人接近時感到不愉快的「人際空間距離」，愛德華・霍爾將它分為四個層次。

「因為被愛而愛」是不成熟的愛。
「主動去愛而被愛」才是成熟的愛。

——佛洛姆（Erich Fromm）

第 4 章
隨心所欲地操控部下與主管

艾爾斯
微笑金融
有人在嗎？
嚓
好像沒人…
嶋田先生？
你說什麼…？
嚓
我才在想怎麼這個月該還的錢還沒拿來，你竟然說：「因為打小鋼珠太忙了。」我看最好把你丟進東京灣餵魚如何？
別…別這麼說
！

本來打算離開時，正好中大獎了，所以一時離不開機台了…不過，相對的，我這個月能多還一些。
你穿了灰色西裝，一開始就打定主意想道歉了事吧？兔崽子！你敢小看我！
啊…
咦？渡部先生有事嗎？
啊！
嗯…我有點事想找社長商量…
渡部？
怎麼？渡部你怎麼來了？你錢不是還清了嗎？有什麼事嗎？
那…社長，我先告辭了。

怎麼臉色這麼難看，該不會又捲入什麼麻煩了？
光看臉色就知道，不愧是社長…
因為你的心情都寫在臉上。不過，你這個貿易公司的精英竟然想拜託放高利貸的我，一定是很棘手的事吧？
什麼？原來這位是精英嗎？
什麼精英，社長太過獎了。
何必謙虛？我說的是事實，你和站在那裡的窩囊廢完全不一樣。
窩…囊廢太過分了，我叫中山，你好。
啊…你好，我是渡部。
嗯，說起來你生意成交也是採用我的建議。
是的。
咦？什麼呀，原來就算是精英也和我一樣嘛。

那麼…你找我有什麼事？別浪費時間了。
由於之前的工作，主管對我比以前更加看重，
因此從上星期開始，有個新人分配成我的部下。
今天起他就是你的部下了。
可是這個部下卻是聲名狼藉的問題員工…
上班猛打瞌睡，一個口令才有一個動作，整天都在玩手機…您有沒有什麼好建議？
昏昏
沉沉
嗶
嗶
嗶
還不簡單？這種窩囊廢直接開除就行了！
那是不可能的，
他是靠社長的親戚關係進公司…
啊，原來是有背景的。不過，你還是和以前一樣很好利用嘛！
愣
依照方法不同，就算是笨蛋也能起得了作用，我就教你一些訣竅吧！

尤其是把沒用的部下變成優秀左右手的方法。
真的嗎？
我想你應該知道，這不是免費教你，你要借多少錢？
呼
如…如果是加上獎金還得出來的範圍…
那就這麼說定了。
這種完全拿他沒辦法的窩囊廢，想要順利讓他鼓起幹勁，強迫他服從並非好策略。
嚓
你叫他做，他就乖乖去做的傢伙或許是笨蛋，卻不是窩囊廢。
窩囊廢是那些無能卻自尊心特別強，整天只會找藉口，所以才成了窩囊廢。
唰唰
唰唰
……

要讓這樣的傢伙拿出幹勁，重要的是如何引導。
比方說，血汗公司常用的洗腦控制手段，
黑滾滾公司
強調感謝的精神，強迫員工以對公司的貢獻或社長的理想為依歸等…
因此一再地否定員工人格或提出不合理的要求，
大聲
叱責
使得員工身心俱疲。
咔嗒
咔嗒
咔嗒
咔嗒
……
不論哪個行業，都一定有幾家這種公司。
不過，這種做法我還是…
我並不認為你能做得到喔！
我要說的是，如果能巧妙運用，簡直可以把對方當奴隸使喚。
呃…那個，嶋田先生，可以聽我說件事嗎？

我們公司每天都要在早會時全體集合，對社長大聲說：「社長早！」
社長早！
……
每天工作從早上八點到晚上十一點，沒有加班費，因為下午五點以後不給薪，假日被叫去上班更是家常便飯…
假日上班…
搖搖
欲墜
而且還要我們在工作日誌上寫：「能在這家公司上班，我很幸福。」
工作日
本日業務
拜訪××公
客訴
工作重
公司說雖然辛苦，但很有價值。
非常感謝您
磕頭
我在研修時還曾經向社長跪下來哭著說：「像我這樣的窩囊廢，謝謝您願意雇用我。」

中山先生，你們公司…
沒錯，果然是血汗公司。
果然…我也稍微覺得怪怪的，不過，我還以為每家公司都大同小異…
哪有這種事！笨蛋，這種事要早點發現吧？
不…我還以為正式員工就是這樣…
……
因為這個白痴離題了，我來告訴你們一件事。
舊金山的某間小學曾以「選拔具有提升學業成績潛力」的名目進行智商測驗。

測驗結束後選出部分學生製成名冊交給班導師，並告訴班導師：「這個名冊上的學生，在學業成績進步的潛力很高。」
名冊
教師聽了以後，因此對名冊上的學生懷有很高的期待，積極指導。
那些學生成績確實提高了，智商測驗看似很有意義，
其實這個智商測驗根本是個幌子，沒有任何意義，當然所謂學業成績進步潛力高的名冊也是假的。
可是由於教師對學生抱著期待，而被指導的學生也因此被激發出人的潛力。
這種狀況被稱為「畢馬龍效應」。

畢馬龍效應

我很看好你喔

若告訴某個人你對他有所期待，對方通常能回應期待而努力，做出比實際能力更好的表現。

是嗎？真有意思。
逆向思考。

越不成才的傢伙越要誇獎。
我就是受稱讚會成長的類型。

不過，只是隨口說句「我很看好你」，對方也聽不進去。

必須實際上委託他做點什麼事，然後找出他的優點，讚美他一些：「我覺得你的能力並未完全發揮，應當還有成長空間」的話。

原來如此，這麼說似乎能發揮效果。
再教你一個讚美技巧。

另外，也要先拉攏同部門的人。
同事？
是的，然後看準時機，讓部屬傳出「渡部說很看好他」的話。
同事
部下
為什麼要兜這麼一大圈？
你用腦子想一想，假設你的主管當面誇獎你：「中山，你真優秀！」你會怎麼想？
當然很高興啦！
真是單純的傢伙！
一般人大概都會認為是客套話，不會覺得感動吧？
……
原來如此啊…

不過，如果是透過同事口中說：「主管對你讚不絕口喔！」你又會怎麼想呢？
上司
同事
部下
想必會覺得主管是發自真心地稱讚你，所以會覺得特別開心對吧？

原來如此！
這麼一說，確實是經過第三者轉達更有感覺。

這叫做「溫莎效應」。
比起直接被誇獎，透過第三者受到誇獎，更能感受對方的善意。

溫莎效應

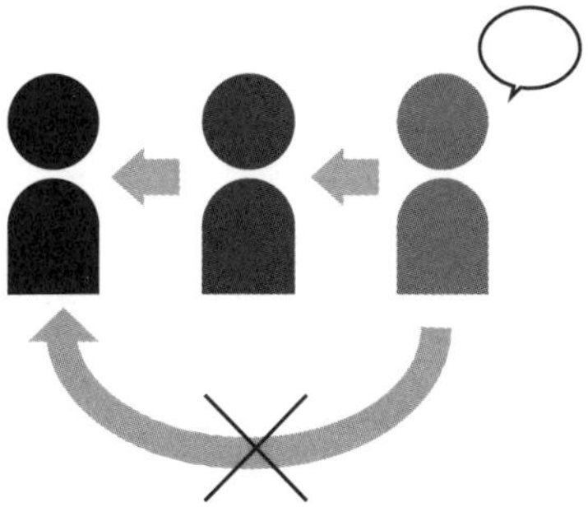

透過第三者所聽到的訊息，比直接從當事人口中聽到，令人覺得可信度更高。

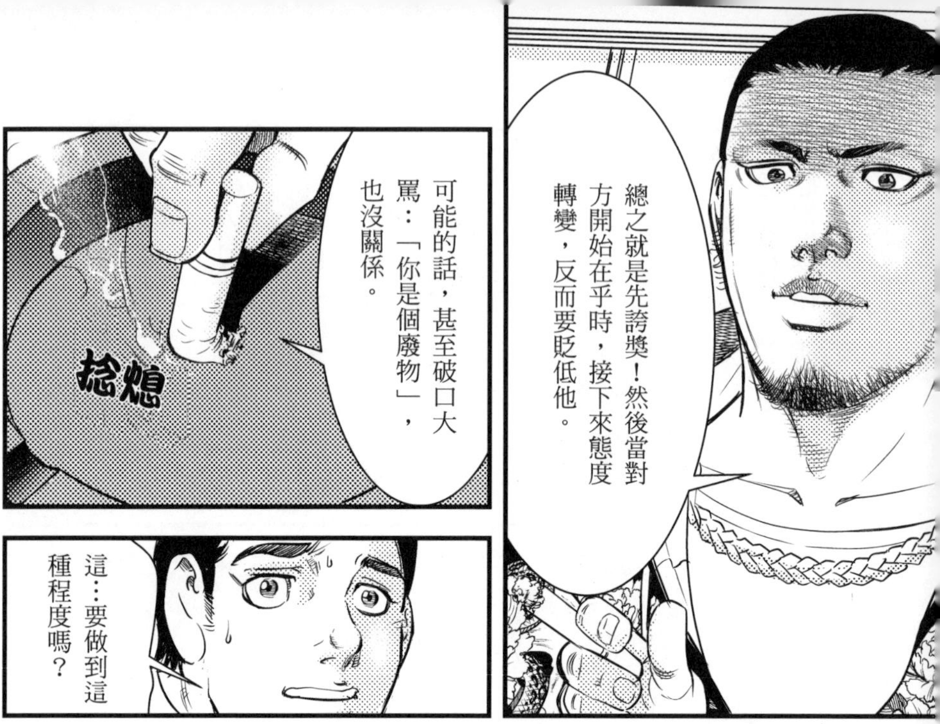
總之就是先誇獎！然後當對方開始在乎時，接下來態度轉變，反而要貶低他。
可能的話，甚至破口大罵：「你是個廢物」，也沒關係。
捻熄
這…要做到這種程度嗎？

不用擔心，
這時符合了「得失效應」的心理學，先給予對方一次負面印象，再採取善意的態度，能夠產生比實際更好的印象。

得失效應

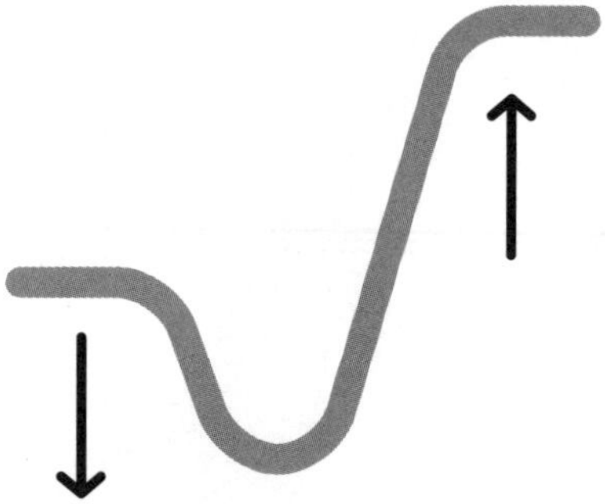

先給對方負面印象後，再採取善意的態度，由於反差效果更能夠提高好感。

原來如此，我和嶋田社長初次見面時還以為我會被宰了。
啪
交談後發現人很好，所以印象大為改觀。
沒錯沒錯。
嶋田先生確實嘴巴很毒又很暴力，衣服品味也很差…
但是心地很善良…
臭小子，既然要讚美就多用點腦筋！
渡部，照我剛剛告訴你的去做做看，應該能夠得到成果。
好…好的。
那麼，麻煩你寫一下借據。
拿出
借據
借款金額
償還日期

宮川，可以耽誤你一下嗎？
幹嘛⋯⋯
⋯⋯
怒視
你給我適可而止！
瞪
！
你知道為什麼之前我都不罵你嗎？

不……不清楚……
是嗎？原來你還沒搞清楚嗎？我一直認為你只是還沒發揮你的實力而已，你應該能更有表現的！
……
可是，看樣子是我太天真了，我對你真失望。
寂靜無聲
喂，宮川，渡部一直很看好你，很誇獎你耶。
他把話說得這麼重，你應該明白是因為你違背了他的期待吧？
同期
是……！

Bar Moon
哎呀，我狠狠地教訓他一頓。
後來他哭著來道歉，才真是精彩呢！
非常抱歉！
賠罪
當然，我事前已經打點過他同期，向他傳達我讚美他的話了。
喂，老兄心情不錯嘛！你記得今天要還錢，所以才在這裡喝酒是吧？
突然現身
啊！抱歉…

專欄 4

帶人先帶心，讓職場關係更圓滑

技巧 1 從右側靠近就能讓對方安心

這一章就來介紹能讓職場的主管和部下之間，人際關係更融洽的技巧。不論是一般職員或公司幹部，職場的人際關係對任何人而言都是煩惱的根源。希望各位能將以下說明的技巧加以靈活運用，努力讓職場環境更加和諧。

首先是很簡單的技巧，當你要主動和主管或部下接觸時，記住站在對方的右側。由於人們下意識地會保護位在左側的心臟，所以當交情不是很好的對象站在左側時，就會產生較強烈的壓力。而且大部分的人慣用右手，當對方站在慣用手（亦即右側）時，通常會因為可以迅速反應而感到安心。

這個技巧也可以應用在職場以外的場合。當進行業務活動時，只要注意和對方的位置關係，對方更可能願意傾聽你說的內容；向心儀的異性搭話時，注意站在對方右側，較不易給對方壞印象。總之無論任何情況，站在對方右側是最基本、保險的位置。

技巧2 讓廢柴部下成長，用力的讚美他！

有問題的部下，雖然令人感到棘手，卻又擔心過度責罵會使對方辭職……如果不知如何處理這樣的部下，不妨換個想法，試試看「以讚美讓他成長」的方向來指導部下如何？

教育心理學上有個廣為人知的「畢馬龍效應」（Pygmalion Effect）。這是指當人感受到指導者（或上位者）的熱情或期待時，也會積極加以回應，讓能力發揮到最大限度。這個名稱的由來是一名男子愛上自己雕刻出來的美女雕像，因為對美女的熱情，最後實現願望，雕像變成人類而兩人共結連理的希臘神話故事。

相反的，當教育者不抱任何期待，以致學生能力無法發揮，表現能力低落所稱的「格蘭效應」（Golem Effect）也得到實驗驗證。因此，部下表現的好壞，很大的原因取決於主管的心態與行為。如果一開始就認為「部下真是沒用的傢伙」，可能更容易削弱部下的幹勁。因此應該盡可能說些對部下抱著期待的話語，激發部下的能力。

技巧3

讚美的言詞藉由第三者傳達，效果加倍

被人讚美而覺得不愉快的人應該不多，但是，有比單純讚美更令對方高興的方法，那就是如同渡部先生接受嶋田社長指導而使用的方法，如「經理說他很看好你喔！」、「課長對你這個月的業績表現讚不絕口呢！」透過同事或前輩等第三者，轉

畢馬龍效應

若告訴某個人你對他有所期待，對方通常能回應期待而努力，做出比實際能力更好的表現。

達讚美的言詞。

這就是運用「溫莎效應」的心理作用。透過第三者轉述，比當事人直接表明好意，能夠接收到更大的善意成效。

這個做法還有另一個優點。對於當面被讚美容易手足無措的人，或是缺乏自信、當面被讚揚也總是認為「對方應該是講客套話」的人，更能確實達到傳達好意的效果。如果部下屬於個性怯懦、總是誠惶誠恐的人，利用這個技巧或許能拉近彼此的距離。

溫莎效應

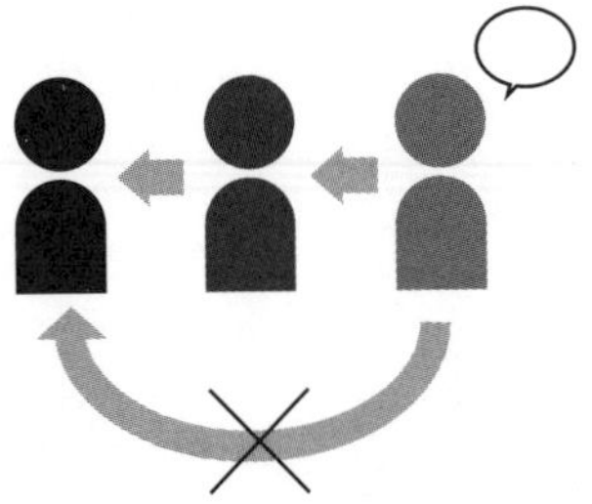

透過第三者所聽到的訊息，比直接從當事人口中聽到，令人覺得可信度更高。

技巧4 刻意表現態度的落差，翻轉惡劣印象

渡部配合「溫莎效應」同時使用的「得失效應」（gain-loss effect），如果能巧妙運用，也是很有效果的心理技巧。在人們承受一次負面印象後，再接受正面印象時

所產生的落差，能夠提升比實際程度更高的好感。平時扳著臉孔而態度冷淡，無意中瞬間和顏悅色的「傲嬌」性格，很受群眾歡迎，正是因為完全符合心理學原理。

因此，即使平時對同事或部下嚴厲的人，不要忘了偶爾採取友善的態度，就能維持良好的人際關係。經常在職場上發生摩擦的人不妨也記住這個技巧。

另一方面，也可以反過來利用這個效果，對於希望博得對方好感的人，剛開始故意採取冷淡的態度也是一種手段。先暫時保持冷淡，然後再噓寒問暖，或許比一開始就採取友善的態度能建立更深厚的關係。

得失效應

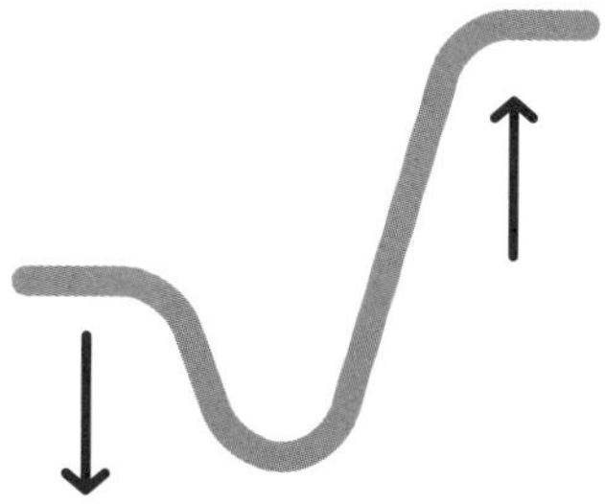

先給對方負面印象後，再採取善意的態度，由於反差效果更能夠提高好感。

技巧 5

持續誇獎對方的努力，維持工作幹勁

前面說過讚美部下協助其成長的重要性。不過，想必很多人並不了解關鍵的讚美技巧。因此，不妨學習華盛頓大學的心理學家法蘭克・斯莫爾（Frank L. Smoll）對少年棒球聯盟的孩子進行的實驗案例。

斯莫爾把孩子分為「讚美孩子的努力」及「只有指導而不讚美」的兩組來進行練習，然後在球賽結束後分別估算兩組的勝利率。

實驗結果發現，指導過程中加以讚美的一組，勝利率是五二・二%，沒有讚美的隊伍則是四六・二%。不僅如此，更值得關注的是：分別對兩組學生進行問卷調查時發現，被讚美的一組，回答「打棒球很開心，很喜歡教練，對自己有信心」的孩子較多。

從這個實驗可以了解，讚美別人時，應該注意的重點「不是讚美結果，而是努力的過程」。採取這個方式的話，任何一個積極面對工作的人，都有值得讚美的地方，同時也能讓現階段還未做出成績的部下保持工作幹勁。想激勵沒有幹勁的部下時，總之先對他說：「你這陣子非常努力呢！」應該可以產生激發幹勁的效果。因為沒有人會討厭被讚美，所以不妨多給予正向回饋喚起對方的士氣吧！

播下思想種子，收穫一個行動。
播下一個行動，收穫一種習慣；
播下一種習慣，收穫一種性格；
播下一種性格，收穫一種命運。

——威廉·詹姆士（William James）

第5章
透過群眾團體自由地誘導人心

複誦社訓！
是！
第一，員工是公司的附屬品！
員工是公司的附屬品！
第二！……
嘀咕
……

喂！你搞什麼？連這個也辦不好！今天也別想回家，快把它處理好！
是…是的…
……
不過…前輩，我已經連續三天沒好好睡一覺了，已經到極限了…
你說什麼屁話！
公司的附屬品還敢頂嘴？
不…沒事…
垂頭喪氣
艾爾斯
微笑金融
那種公司當然是血汗企業！你是白痴嗎？竟然沒發現！
哎…果然，真的是血汗企業…

因為待在組織當中，
自然而然習以為常，
所以才沒發現吧！
這符合人們一種叫做
「模仿」的行為原理。
受到他人的動作或
行為影響，不知不
覺中自己也採取同
樣的行為。
人類基本上會藉
由模仿周遭人們
的行為，從中學
習及成長。

因此即使置身在一個不
正常的環境，很多時候
也會以為「這是當然
的，這很尋常」。
1日
2日
3日
4日
5日
咔嗒
咔嗒
咔嗒
咔嗒

模仿理論

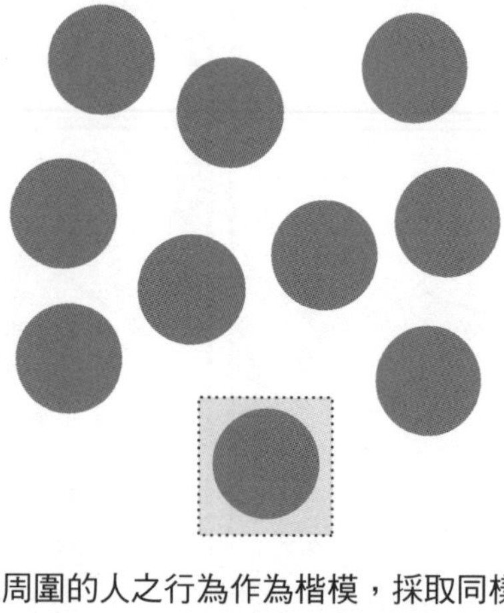

以周圍的人之行為作為楷模，採取同樣行為的學習行為。也被稱為「觀察學習」。

原來是這麼回事，所以我才會沒發現。
你的情況只是因為你很白痴。
無論如何，要是辭了工作，你知道會有什麼下場吧？
借款一次還清……是嗎？
原來你很清楚嘛！不管怎麼樣，我可是都會把錢討回來的！
是……是的。
不過，遇到血汗企業也不是你的錯，我就教你對應的技巧吧！
喂，發什麼呆！小心被揍！
啊！

不過，一想到明天又是藉著全公司會議的名義辦說教大會，就覺得好沒勁。
真希望不要再中途圍攻一個人了。
嘀咕
嶋田先生也這麼說…
啥？說了什麼？
他說給予「默認的懲罰」能有效的讓其他員工服從。
「默認的懲罰」？什麼意思？
比方說，小學課堂上全班都很吵鬧時，老師指名道姓地罵其中一個同學：「○○安靜！」這時會怎麼樣呢？
……
明明自己沒有被罵，不過因為「我不想被罵」的心理，所以行為就會謹慎一點。

默認的懲罰・默認的獎賞

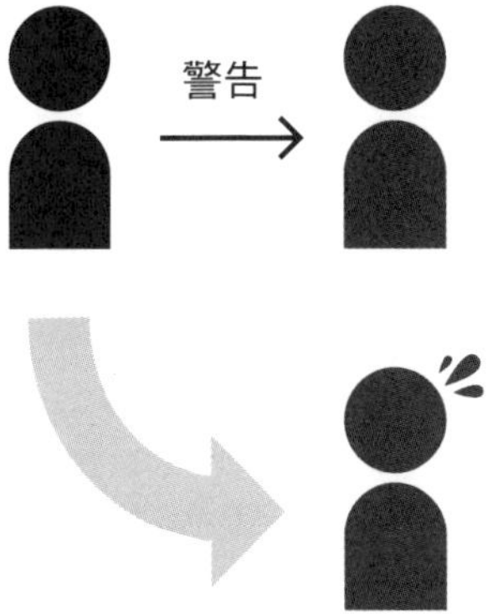
警告

不直接叱責或獎賞，而是透過第三者影響當事人的心理。

只要善加利用，這個心理作用就能轉變成獎賞的方式。
這叫做「默認的獎賞」。只需讚美其中一個人，就能讓其他人產生「我也想被稱讚」的心理。

真的嗎？原來背後有這個意義啊！
因為如此，所以才會有人私底下找其他工作。
不久後可能會有大量的人離職吧？
這種公司，我也快要待不下去了…
大家對公司都積壓了很多不滿，或許使用嶋田先生教我的技巧時機來臨了。

各位，我有個好點子，你們願意幫我嗎？
什麼點子？
那就是…
會議室
接下來開始全公司的會議。
首先複誦社訓
第一，員工是公司的附屬品！
員工是公司的附屬品！

第二，我們……
嘀咕
！
喂！中山！
用力一指
啊…是的！
迅速站起
今天全部的人聲音都太小！
尤其是你特別嚴重！來，你一個人喊，要跟平常一樣！
……
怎麼了，回答啊！
恕難從命！

做這種事也是浪費時間，恕難從命！
上升
怒火
什麼？我是不是聽錯了？你說浪費時間？
是…是的。
不安
騷動
不安
騷動
我對採用這種制度的這家公司抱著疑問。
剛好今天是全公司的會議，正好可以了解其他同仁對公司的想法。

起立
起立
起立
起立
起立
搞…搞什麼？
你們是什麼意思？
雖是小公司，但要全公司的人交涉，畢竟是不可能的。
眾人一致
不過想找到足夠人數的人團結一致並不難。

只要點個火，就如星火燎原。
這就是——「從眾效應」！

從眾效應

如同「騎牆派」這個詞，少數派只要一看到多數派有利，而去迎合多數派的傾向。

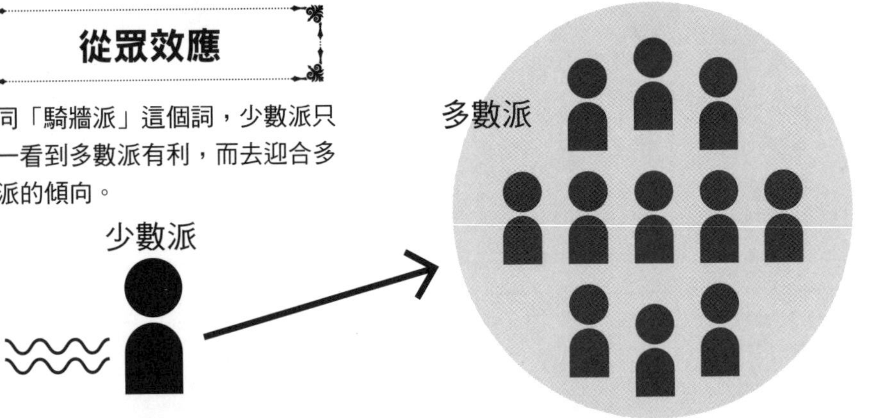
多數派
少數派

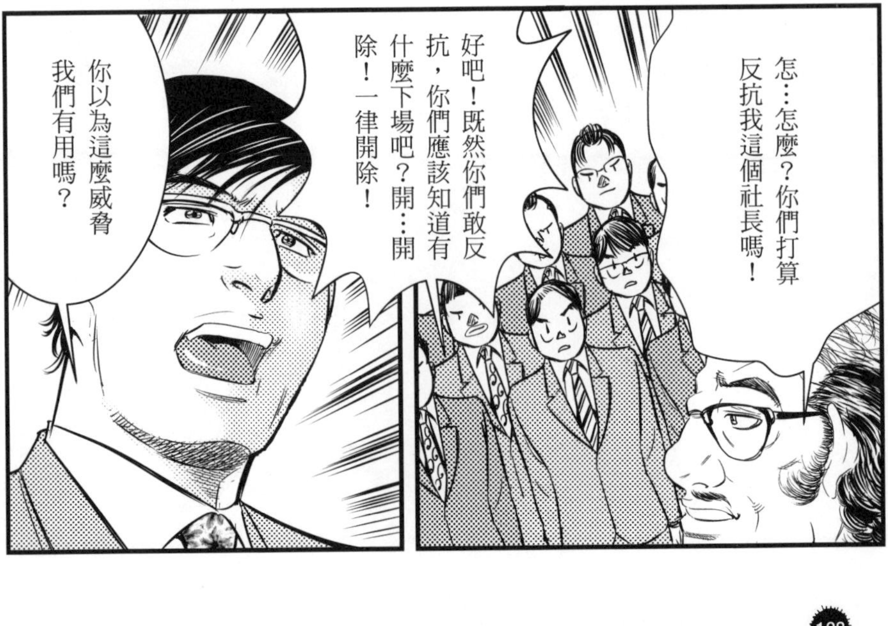
怎…怎麼？你們打算反抗我這個社長嗎！
好吧！既然你們敢反抗，你們應該知道有什麼下場吧？開…開除！一律開除！
你以為這麼威脅我們有用嗎？

如果你要這麼做，我們也有我們的做法。
我們有留下長時間加班卻沒領加班費的證據。
要告公司也不是不行！
沒錯沒錯。我每天開啟電腦的時間也有記錄。
可別想找藉口矇混。
……
你…你們到底想要求什麼？
成功了！社長願意跟我們談判了！
我們的要求，首先是加班…

我要提出辭呈！
猛
辭呈
地
什麼？
沒錯沒錯。我也要提出辭呈。這家公司我已經受夠了！
喂…你們冷靜一下…
好不容易有機會交涉，應該好好商量以後怎麼做。
說什麼蠢話！
向這種人要求改善工作環境根本白費唇舌！
這…不試試看怎麼會知道。
浪費時間！現在立刻辭職才是正確的！
辭呈

就算他暫時接受我們的要求，骨子裡還是血汗企業，很快又會故態復萌。
所以快點走人，才是上策！
等…等一下，現在辭職還太早了吧！
怎麼會演變成這樣…
我也要辭職。
我也不幹了。
為了隨時走人，我早就準備好辭呈了。
不幹了！
魚貫而出
不幹了！
魚貫而出
你…你們是支持改善待遇的吧？
……

抱歉，我們也不幹了。
抱歉啦。
你一個人也要好好努力啊！
等…等一下，我又不是希望演變成這個狀況…
我…我要是辭職就慘了…
……
好吧，你打算怎麼辦？要是你一個人還是想告我，我奉陪！
我…我不幹了，我會提出辭呈。

艾爾斯
微笑金融
事情經過就是這樣…
跪地
……
臭小子，你大概連磕頭陪罪的方法都不知道吧？
倏地
咦？
磕頭陪罪…
踩下

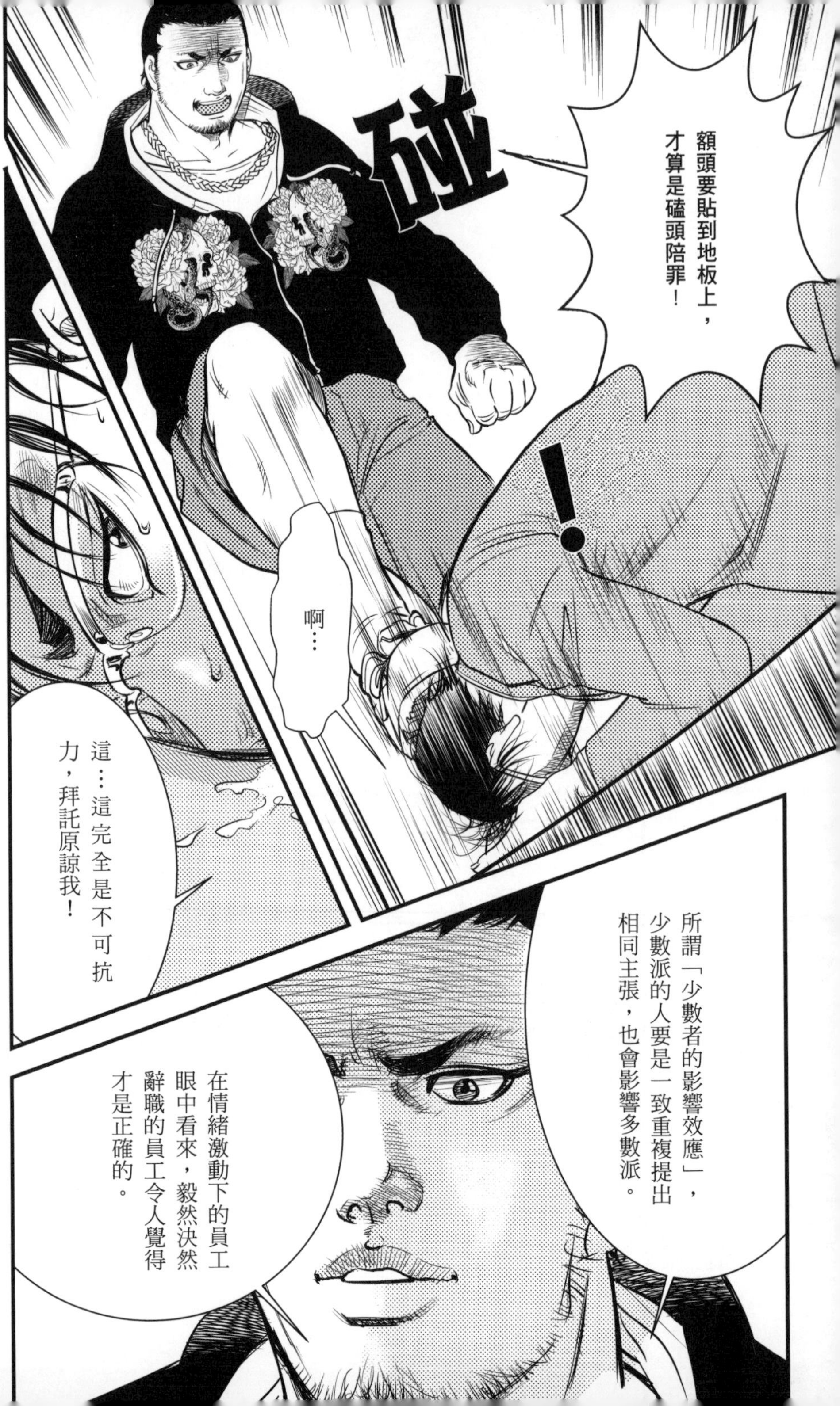
額頭要貼到地板上，才算是磕頭陪罪！
碰
！
啊……
這…這完全是不可抗力，拜託原諒我！
所謂「少數者的影響效應」，少數派的人要是一致重複提出相同主張，也會影響多數派。
在情緒激動下的員工眼中看來，毅然決然辭職的員工令人覺得才是正確的。

少數者的影響效應

反對！

少數派持續而堅持地主張自己的立場時，強勢的態度能夠對多數派發揮影響力。

雖然你順利地運用從眾效應……
到頭來卻白忙一場。

既…既然你了解了，
可以原諒我嗎？
二百萬…
咦？
明天以前準備好
二百萬…

有困難的話，我可以介紹販賣器官的黑市給你。
饒了我吧！
溜！
中山好不容易當上正式員工，真可憐。
趁機讓這個窩囊廢好好反省一下。
……
話說回來，要他現在全額還清大概不可能了…
不給那個小子一些找工作的建議不行…
真是的…只會給我找麻煩，真是窩囊廢。

專欄 5　突破群眾的心理防線，一網打盡

技巧 1　樹立「共同敵人」有助提升團體士氣

許多人集結在一起而形成團體時，有時會採取單獨一人時不會做的特殊行動。這個稱為「群眾心理」，具有極為強烈的影響力，若是能夠巧妙運用，就能產生極大的力量。

首先告訴各位對提高團體向心力的一個很容易操縱的技巧。這個技巧很簡單，只要樹立一個和所屬團體的「共同敵人」即可。

第三章的專欄曾介紹過人類具有「社會認同」的心理作用，人們很容易把自己投射在所屬的團體。因此當得知有人和所屬的團體對立，就會設法努力除去「我們的障礙」。只要想想奧運時，任何國家的人都會為自己國家的人加油就很容易了解這一點。

不過，若是做得過火，就會形成一個認為只有自己才站在正義一方的偏狹團體，那就賠了夫人又折兵。欲煽動同仇敵愾的思維時，請務必小心。

技巧2 利用多數派的迎合傾向

眾所周知政治學或經濟學有所謂的「從眾效應」（Bandwagon effect）。這也是在選舉時的投票行為或商品銷路時常見的現象。當多數人接受某個選項的消息流通時，就會更強化對該選項的支持效果。

如同中山所實行的狀況，這個做法可以運用

從眾效應

如同「騎牆派」這個詞般，少數派只要一看到多數派有利，就去迎合多數派的傾向。

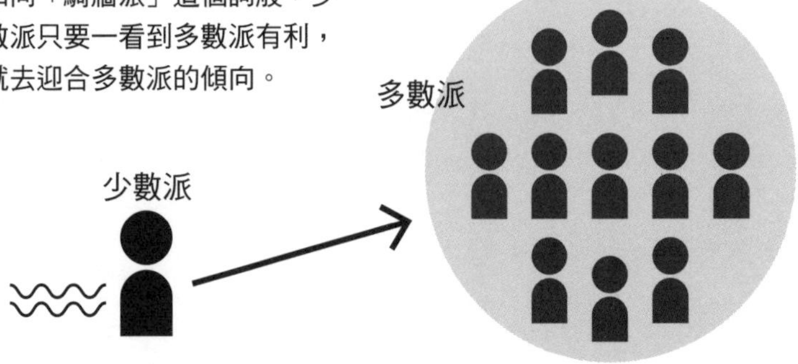

在會議等場合。事先找好二、三個擁護者，讓他們熱烈主張支持你的意見，這麼一來中立派的人會因而判斷「那邊的勢力較強」，改為與你站在同一陣線的可能性將會大增。

技巧3 周遭的行為左右了個人的態度

前面介紹了利用暗樁讓團體多數人和自己站在同一陣線的技巧。只要持續鼓吹對自己有利的想法，要擺布他人的行為並不是件困難的事。

中山先生完全習慣了血汗企業的工作而不自覺，以為和一般公司相同而全盤接受，這是因為「模仿理論」（modeling theory）的學習行為。人

模仿理論

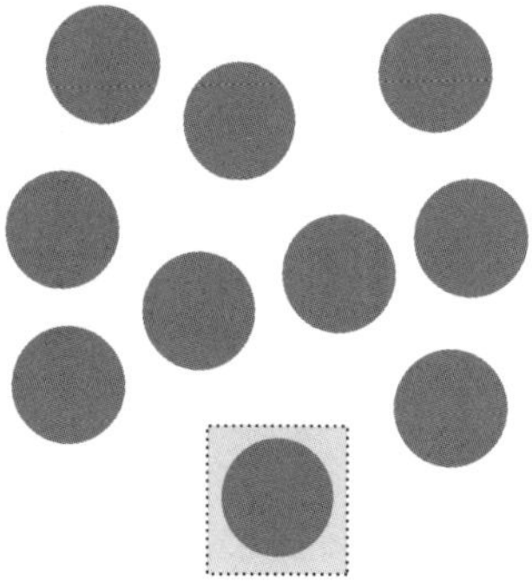

以周圍的人之行為作為楷模，採取同樣行為的學習行為。也被稱為「觀察學習」。

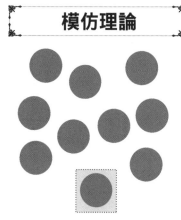

們日常多少會受到他人行為的影響，並且加以回應來修正行為。因此，即使周遭的人很難認同是正常的行為，自己卻在不知不覺間配合所屬組織而採取相同的行為。

這個效果不僅可以運用在讓他人配合自己的行為時使用，如果部屬當中有問題人物，這時不妨讓其他人刻意表現出更認真工作的舉止，當這個部屬看到其他同事的工作態度，或許多少會加以反省。

技巧4 間接暗示，就能達到獎懲效果

還有其他不直接叱責部下或晚輩就能讓對方改正態度的方法，那就是嶋田社長說明的「默認的懲罰」與「默認的獎賞」。

這也稱為「間接暗示法」。比方說想叱責某個人的行為時，在那個人聽得到的場所叱責其他人，等於是間接地指桑罵槐。因為不是直接向當事人發脾氣，所以不容易引起對方反彈。對於一被責罵就會鬧彆扭或是陷入沮喪的人，是個方便好用的技巧。

以上所舉雖然是「默認的懲罰」例子，但「默認的獎賞」也是相同的道理。例如

想誇獎整個部門時，只誇獎某個代表人物，讓整個部門都產生好感的做法也是可行的。

不過，不直接傳達訊息也有相對的壞處。有時當事人完全沒有意識到，而認為「事不關己」，這就完全無法產生效果。因此，必須根據對方的性格及思考方式來適度調整使用技巧才行。

默認的懲罰・默認的獎賞

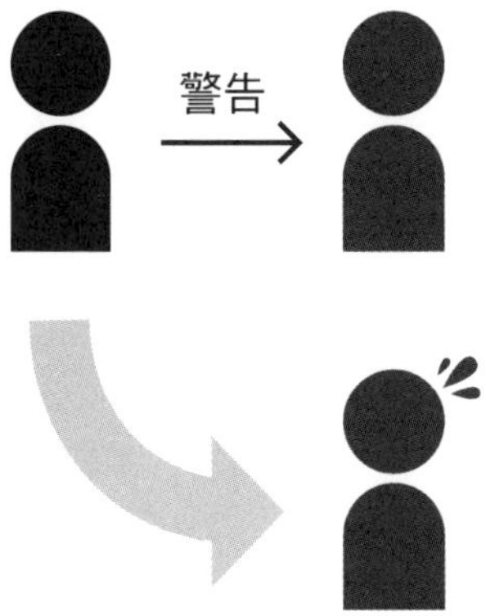

不直接叱責或獎賞，而是透過第三者影響當事人的心理。

技巧 5

少數派的堅持也能動搖多數人心

前面介紹的都是從多數團體來操控群體的技巧，最後我想介紹少數派陣線如何打倒多數派的方法，「少數者的影響效應」（minority influence）。

法國心理學家莫斯科維奇（Serge Moscovici）讓參加實驗的對象觀看顏色、形狀及大小都不同的圖片，接著要他們口頭舉出一個圖形的代表特徵，可想而知每個實驗參加者的回答當然都不同。接著，莫斯科維奇安排了一個暗樁混在受試者中，他要這個暗樁持續以有自信的態度只回答色彩特徵，結果發現，其他參加者也紛紛只回答色彩特徵。

少數者的影響效應

當少數派持續而堅持地主張自己的立場時，強勢的態度能夠對多數派發揮對影響力。

像這樣，當人群中有人以高度自信主張自己的看法時，就容易有變得較弱勢而同意對方主張的傾向。所以在會議場合，即使屬於少數派的一方，以堅定的態度主張自己的看法極為重要，這麼做的話，一定會出現其他願意聆聽你看法的人吧！

受到他人的動作或行為影響，不知不覺中自己也採取同樣的行為。
人類基本上會藉由模仿周遭人們的行為，從中學習及成長。

成熟，

就是有能力適應生活中的模糊。

——佛洛伊德（Sigmund Freud）

第6章
留住最好的情人
Killer

中華拉麵
我躲在角落一看，那個男人竟然在我的杯子裡加了東西。
是安眠藥？
真是的，簡直令人不敢置信，我一氣之下就把那杯飲料潑在他身上就離開了。
真慘，這也是他自作自受。
不是跟我說的一樣嗎？

但也是你對戀愛太沒有戒心了。
事到如今這麼說也來不及了…
鈴聲
來電
拒接
我接個電話。
中華拉麵
倏地
是的，關於那件事…
對了，從很久以前我就很在意一件事…
什麼事？

不知不覺，小嶋小姐妳開始常出現在我們公司呢！
我一直很好奇，是不是有什麼原因呢？
……
啊…我是不是問了什麼不該問的事？抱歉。
沒這回事。只不過有件不願意再想起的事和社長有關。
不願意再想起的事？
藉這個機會，我就告訴妳，我和社長認識時的事情吧。
咦？可以嗎？
拉麵

是的…那時候…
你今天沒什麼精神，怎麼了呢？
……
如果不介意的話，可以跟我商量看看。
是這樣的，我父親病倒了，需要動手術。
你父親…不要緊吧？
手術是沒什麼問題，
只不過，費用方面我籌不出來…為了籌款我到處拜託了許多人。
咦？為什麼都沒跟我提起呢？

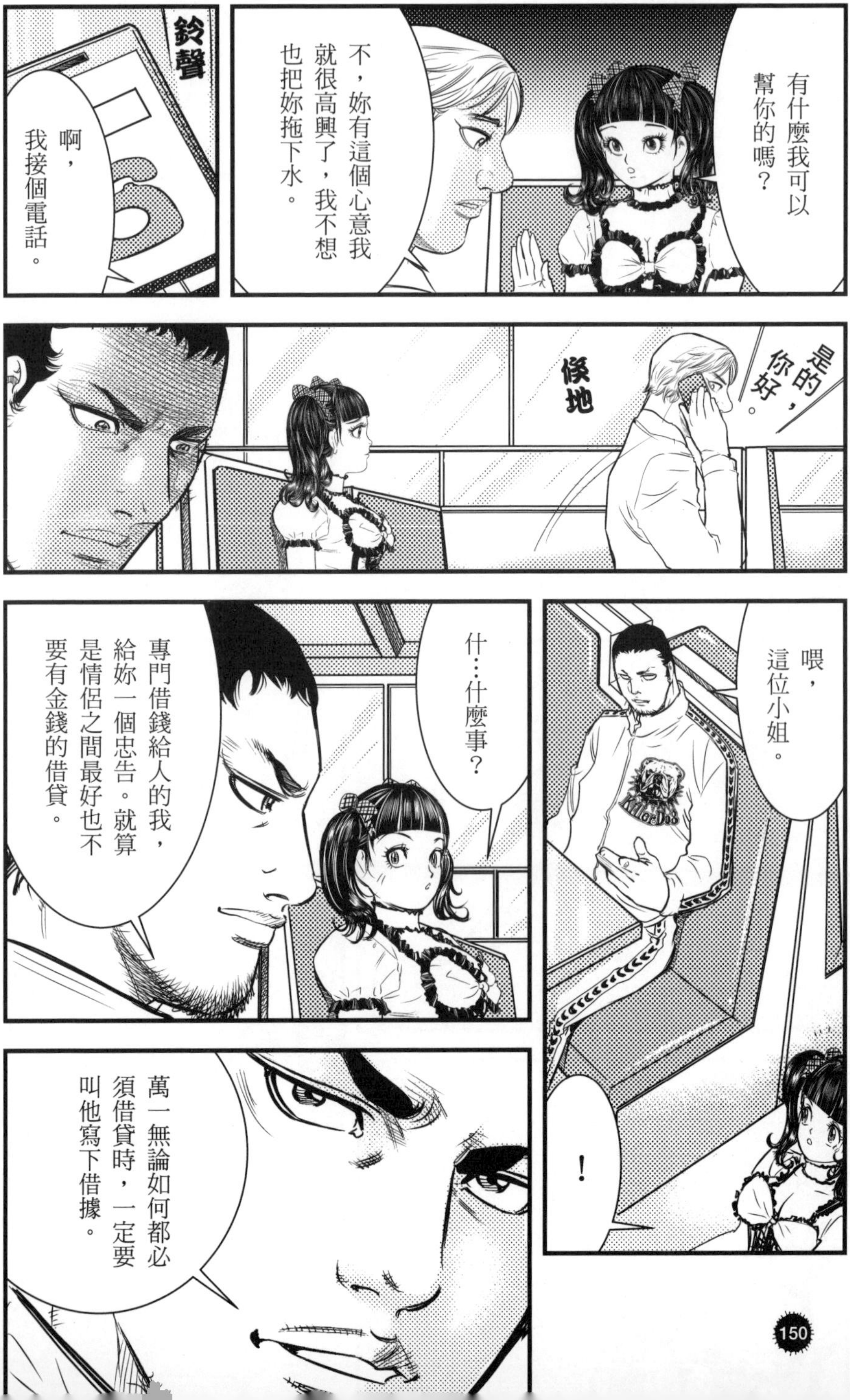
有什麼我可以幫你的嗎？
不，妳有這個心意我就很高興了，我不想也把妳拖下水。
鈴聲
啊，我接個電話。
是的，你好。
倏地
喂，這位小姐。
！
什…什麼事？
專門借錢給人的我，給妳一個忠告。就算是情侶之間最好也不要有金錢的借貸。
萬一無論如何都必須借貸時，一定要叫他寫下借據。

什麼嘛！你在說什麼…
這個社會不是你騙人，就是被人騙。要怪就要怪被騙的白痴！
突然聽到我這麼說，妳一定覺得很不爽，但我實在看不下去了。
這是我給妳的忠告，無論發生什麼事，絕對別忘了要求他寫借據。再見。
倏地
什麼嘛！自說自話，真不舒服…
抱歉抱歉！
事實上，剛剛醫院通知，家父的病情比想像中更嚴重…要開的手術好像不在保險範圍內。
怎麼會這樣…
絕對別忘了要求他寫借據！
……

我怎麼能相信那種陌生男人說的話！男友有困難，我當然要幫他。
嗯…如果金額不高，我借你吧！
這…這怎麼可以！
困難時本來就應該互相幫忙…這也是為了你父親嘛！
……
抱歉。
三個月後
你看起來很累，還好吧？
這陣子要找你都找不到人…
……
你說句話啊！
我…我父親治療白費了，他過世了。
什麼？怎麼會…

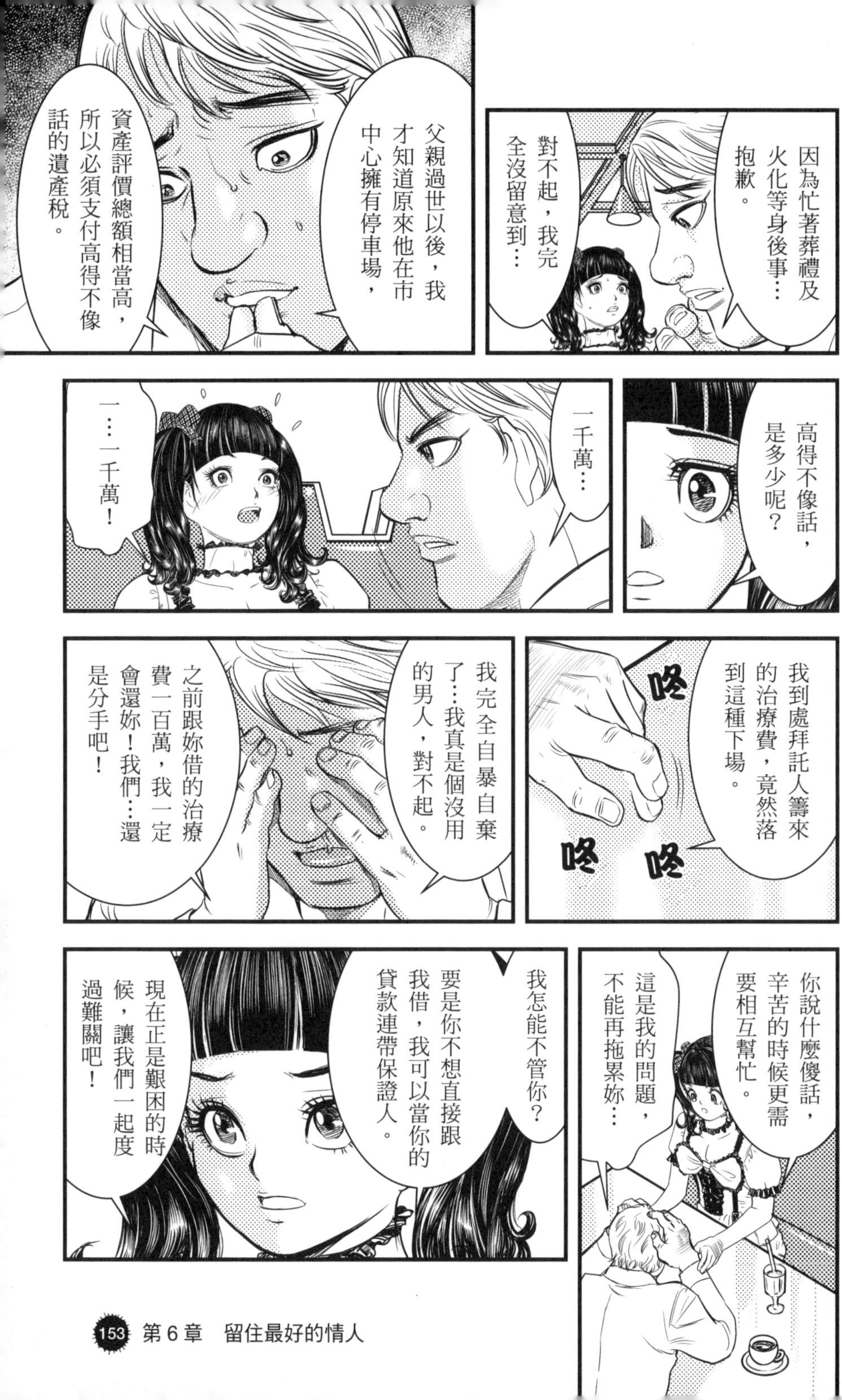
因為忙著葬禮及火化等身後事…抱歉。
對不起，我完全沒留意到…
父親過世以後，我才知道原來他在市中心擁有停車場，
資產評價總額相當高，所以必須支付高得不像話的遺產稅。
高得不像話，是多少呢？
一千萬…
一…一千萬！
我到處拜託人籌來的治療費，竟然落到這種下場。
咚
咚
咚
我完全自暴自棄了…我真是個沒用的男人，對不起。
之前跟妳借的治療費一百萬，我一定會還妳！我們…還是分手吧！
你說什麼傻話，辛苦的時候更需要相互幫忙。
這是我的問題，不能再拖累妳…
我怎能不管你？
要是你不想直接跟我借，我可以當你的貸款連帶保證人。
現在正是艱困的時候，讓我們一起度過難關吧！

後來，那個傢伙失去聯絡，只留下一封簡訊。
簡訊上寫著「因為捲入一些麻煩，所以我暫時不能跟妳見面。不過我一定會去找妳。相信我，希望妳每個星期六都能在固定碰面的咖啡廳等我。」
tobak.co.jp
の為に
他還寫了：跟妳借的錢我一定會還……我愛妳。
什麼嘛！真過分…
很過分對吧？一般人根本不會相信這種鬼話。
咕嚕
但是我卻無法完全否定，當時我一直相信他一定會來找我。
叩
每個星期六我總是整天待在以前碰面的咖啡廳等他。

那時的我究竟中了什麼邪呢？
不過…當時是社長拉了我一把。
咔
當時如果不是有社長，我…
喔，小姐，好久不見了。
！
妳怎麼失魂落魄的？
八成是上次那位老兄落跑了吧？
他一定會來找我的！
哼
不用你管，跟你無關。

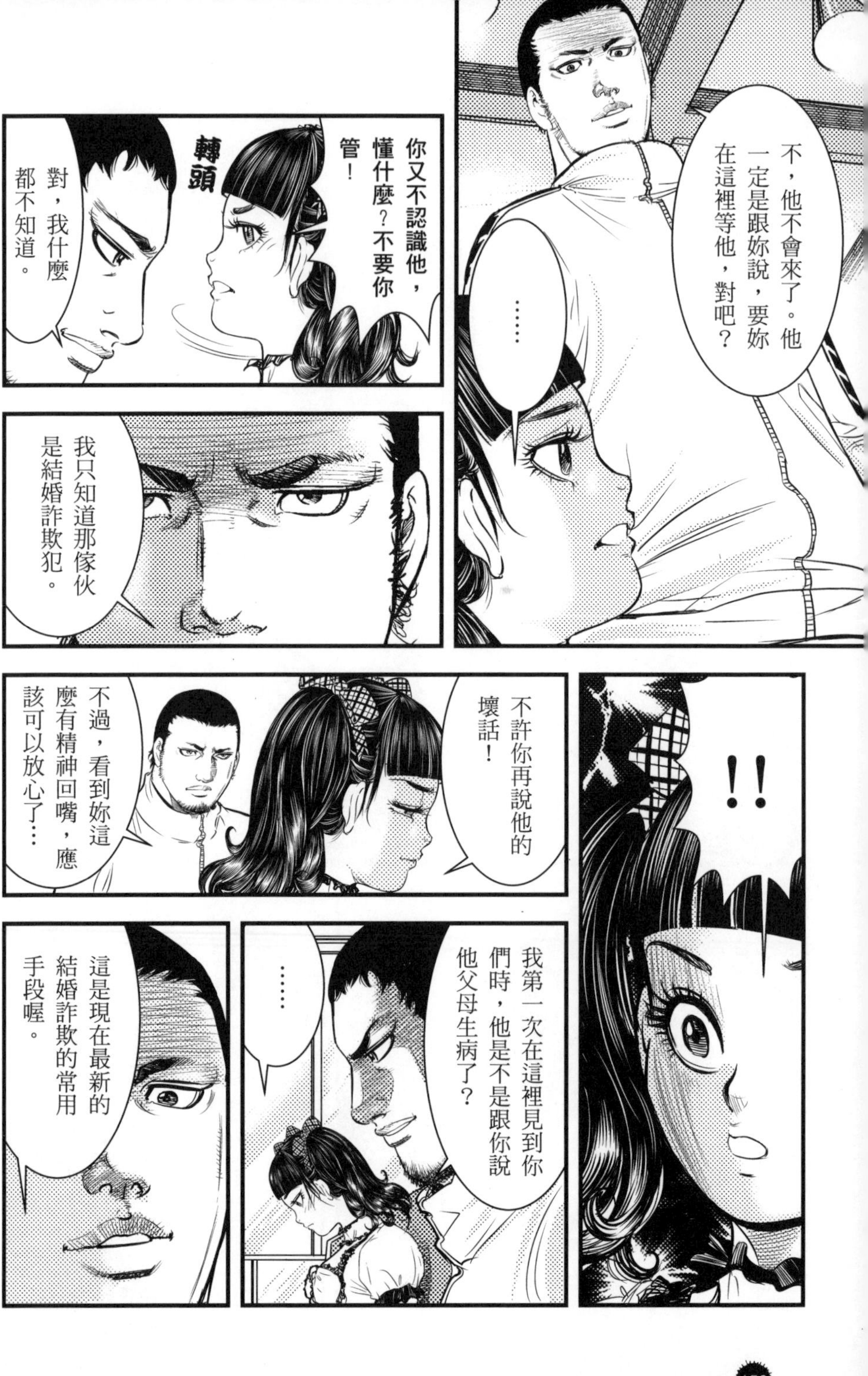
不，他不會來了。他一定是跟妳說，要妳在這裡等他，對吧？
……
你又不認識他，懂什麼？不要你管！
轉頭
對，我什麼都不知道。
我只知道那傢伙是結婚詐欺犯。
!!
不許你再說他的壞話！
不過，看到妳這麼有精神回嘴，應該可以放心了……
我第一次在這裡見到你們時，他是不是跟你說他父母生病了？
……
這是現在最新的結婚詐欺的常用手段喔。

我想妳也隱約察覺了，只是不想承認自己犯了錯⋯
以心理學來說，這個叫做「沉沒成本效應」。
那是什麼？我沒聽過。
比方說，你花了兩萬圓修理壞掉的電視，可是過了沒多久又故障了。
這時候對方硬是說服你不修不行，於是你又花了兩萬圓修理電視。
不過冷靜想想，付出的四萬圓根本可以買一台新的電視了。
TV 40型
Full Hi-Vision
人都是貪心的，如果這時候不修理，就會覺得之前付的修理費用白白浪費了。
像這樣，投入越多勞力或金錢時，就越難再抽手，這就是沉沒成本效應，這和妳現在的心境不是很接近嗎？

沒錯，我也覺得自己很笨。
不過，我希望相信他總有一天會回心轉意。

沉沒成本效應

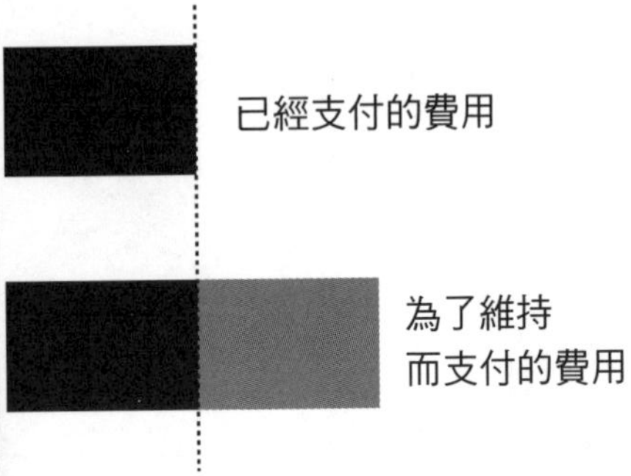
已經支付的費用
為了維持而支付的費用

當已經支付一部分成本而又需要追加費用時，因為不希望浪費原本付出的費用，所以明知不划算仍支付追加費用。

妳是不是心想「他沒有我就不行」？其實這是他利用讓對方沉溺於「幫助別人的快感」，令他人順從的技巧，
這就是「哀兵策略」！藉由暴露脆弱的一面，
使對方貫徹自己要求的技巧。

而且，要是太過糾纏不清反而容易使對方覺得有異樣。
為什麼都不跟我聯絡。

人際互動的關係策略

威嚇策略	誇示強勢的一面，讓對方感覺受威脅而行動。
模範策略	率先行動成為模範而策動他人的行為。
自我宣傳策略	表現自己的能力，博得對方尊敬而策動他人的行為。
迎合策略	採取配合對方的態度迎得好感而策動他人的行為。
哀兵策略	暴露脆弱的一面，博得同情而策動他人的行為。

當人們希望他人接受要求時，採取的五種基本手法。

他偶爾也有過一副對妳若即若離的態度，對吧？
……
Killer Dog

被我料中了。
這是採用「認知失調理論」的技巧。
當一個人處理失調狀態，遇到無法接受或不合理的狀況時，為了讓自己恢復到可接受或調和的狀態，促使自己勉強編造一些理由。
「他應當不會每次都這樣」、「這只是一時茫然不安」等，視為暫時性的狀況。
他不可能背叛我。
為了保持調和狀態，因此把事情更加強行合理化。

認知失調理論

遭受損失
反而
賺到了

就像伊索寓言中的「酸葡萄」，當產生某些不滿時，為了說服自己接受，反而編造其他理由。

你完全被他玩弄於股掌之間，所以現在才會在這種地方消磨時間。
你從剛剛就連珠砲似地說些大道理，連我和他之間的回憶也拿出來踐踏，你是真的想把我推落谷底嗎？

嗚…
對，沒錯！我就是上了當，失去一切的笨女人。留下的只有五百萬圓的負債。以後我再也不會相信任何事了。
用力
要是連幸福的回憶也沒了，我還剩下什麼？你告訴我啊！

你也差不多該丟掉那些天真的想法了…我不是告訴過妳了嗎？這個社會不是你騙人就是被人騙。要怪就怪自己上當的白痴！
就是因為這樣，自己和他人都得過且過，不斷妥協才會落到這種下場，妳還不明白嗎？
嗚…
雖然不甘心，至少妳付了這麼高額的學費，應該發現了吧？
跟著他人隨波逐流，絕對不可能得到幸福。
只要下一次能夠迎接幸福的結局也就夠了。若是妳有這個決心，我可以幫妳。
我…

微笑金融
社長
嶋田孝行
東京都新宿區新宿-20-6
我叫做嶋田孝行，是微笑金融的社長。
小姐，妳將要跨過人生的分水嶺了。
倏地
中華拉麵
酒
我和社長就是這樣認識的…社長就幫我擬了還款計畫，現在我的借款已完全還清了。
真的很謝謝他。
不過，為什麼像他這樣的好男人，竟然到現在還單身，真是不可思議。
還真像社長的作風呢！
那…小嶋小姐覺得社長怎麼樣啊？

別…別亂說！我…我對社長並沒有那種意思…
慌張
失措
呵呵呵，小嶋小姐的個性還真是一目了然呢！
我知道小嶋小姐喜歡社長喔！
果然被看穿了…？
麵
我總是找他商量戀愛的事，希望能讓他動搖，他卻一點也不在乎我…
妳做得太過頭了~
是嗎？
不過，有一點我可以打包票說的是…
那就是…

社長真的是個好男人而且心地善良。
真是的…中山那個臭小子，根本在給我裝傻！我不會饒過他。
喂，妳們兩個怎麼笑得這麼詭異？妳們兩個要是說我的壞話，我可不會饒妳們。
我們什麼都沒說！
真可疑…
好了，剩下的喝一喝，我送妳們兩個回家。

專欄 6 吸引伴侶不要讓他離開的方法

技巧 1 互補型的伴侶反而天長地久

人與人之間的相處是件困難的事，就算是彼此相愛的情侶，兩人之間爭執的火種也永遠不會斷絕。對於有這些煩惱的讀者，這一章我想教各位運用心理學，讓你們和伴侶間的感情更堅定。首先，對情人的期待是「性格相同比較好」、「和自己想法相似的人在一起」的人大概占多數吧？但是，就心理學的觀點來看，這並不是一個聰明的選擇。

美國心理學家溫奇（Robert Winch）研究顯示的統計結果，大男人主義的老公和個性溫柔順從的女性；或是相反的組合，好勝的女中豪傑及百依百順的暖男伴侶，比起個性相似的伴侶，互補型的夫妻關係更美好。像這樣男女之間個性不同而取得平衡，稱為「個性互補」。

彼此想法不同的人在一起，接受的刺激也較多。伴侶間要能天長地久的前提，或許正是在彼此身上發現寬廣的未知世界吧！

技巧2 「出其不意的行為」引發異性的興趣

彼此相似的伴侶在對方面前表現出神祕的一面，也是一種技巧。這就是利用「認知失調理論」（cognitive dissonance theory）。

例如你到公司上班，如果像平時一樣向同事打招呼道「早安」，卻沒有人回應，你會有什麼想法？有人或許會因此生氣，不過一般人的反應通常都是「大概是沒聽到吧」

認知失調理論

就像伊索寓言中的「酸葡萄」，當產生某些不滿時，為了說服自己接受，反而編造其他理由。

就算了。這時「打招呼而沒得到回應」就是一種「失調」狀態。認知這個狀況，為了維持沒有異樣的「調和」狀態，所以拿出「沒聽到」作為理由，填補態度或心理的空缺。

將這個原理應用在與異性的關係，試著採取令對方意外的行動，比方說收到原本想要的東西卻故意露出並不是很高興的樣子，對方為了消除自身的失調狀態，將會提出「對自己方便」的理由，對你更有興趣。

技巧3　彼此為對方費心費力，是感情圓滿的祕訣

一般來說長久交往的伴侶突然分手的較為少見，這是為什麼呢？

其中原因和嶋田社長說明的「沉沒成本效應」（Sunk Cost Effect）有很大的影響吧？「沉沒成本」在經濟學上中頗受重視，意指已發生、承諾或無法回收的成本支出。故事中嶋田社長已經以電視修理費用的例子說明。我們不妨看看其他例子。比方

說，去電影院看電影，但是看了三十分鐘後發現完全不是自己想看的電影，但多數人都會抱著「錢都付了，所以要看到最後」的心態，這裡的電影費用就是沉沒成本，無法再回收，但人們卻因為覺得可惜而採取不合理的行為。

長久交往的伴侶彼此為對方付出的很多。反過來加以運用，讓對方花費越多金錢、時間、精神在你身上，就越有可能把對方留在你身邊。

沉沒成本效應

當已經支付一部分成本而又需要追加費用時，因為不希望浪費原本付出的費用，所以明知不划算仍支付追加費用。

技巧4 依賴共生的威脅

話雖這麼說，長久交往的伴侶也未必就是好事。欺騙小嶋小姐的結婚詐欺師使用的正是以「哀兵策略」達成「依賴共生」的關係。

「哀兵策略」是暴露脆弱的一面，博得對方同情而使他人接受自己要求的方法。就像拜託他人「習題借我抄」的學生般，這其實是大家下意識會使用的技巧，技巧本身並不會構成什麼大問題。

但是，要是成了慢性的「依賴共生」關係，就非常危險。比方說「家庭暴力」往往就是依賴共生下而逐漸形成的。在家庭中使用暴力發洩不滿或壓力的丈夫，以及甘願接受暴力的妻子，其實這樣的組合極為不正常，不是嗎？

麻煩的就像這個名詞被稱作「共生」般，問題不僅是使用暴力來控制家庭的丈夫，還有受害者的妻子也「依賴」丈夫的問題。遭受暴力的妻子因為丈夫是所愛的對象，所以舉出「他其實是個溫柔的人」、「他如果沒有我在身邊就不行」，站在被害者立場為自己找出存在理由。像這樣的共生關係，長期下來只是使得彼此陷入更不幸的負面循環。

技巧 5

見機行事，締造雙贏關係

有關哀兵策略，嶋田社長已經介紹過了，至於其他希望別人答應要求的人際互動關係策略，以下再舉出代表性的四種。

①威嚇策略

誇示自己能力或權力的「力量」，能讓對手感覺受威脅，要求完全照單全收的技巧。因為是有點粗暴的技巧，要是使用過度可能會破壞印象，所以必須謹慎。

②模範策略

主動採取成為模範的行為，引發對方的反省，順從你的

人際互動的關係策略

威嚇策略	誇示強勢的一面，讓對方感覺受威脅而行動。
模範策略	率先行動成為模範而策動他人的行為。
自我宣傳策略	表現自己的能力，博得對方尊敬而策動他人的行為。
迎合策略	採取配合對方的態度迎得好感而策動他人的行為。
哀兵策略	暴露脆弱的一面，取得同情而策動他人的行為。

當人們希望他人接受要求時，採取的五種基本手法。

要求。因為也是拐彎抹角的手法，必須慎選對象。

③自我宣傳策略

顯示自己的持有物、能力或頭銜等，引起對方的敬意而使其順從。在對方眼中看來會覺得「你很了不起」而支付報酬。

④迎合策略

採取迎合對方的態度，而引發對方的好感。也是最容易締造雙贏關係，最和平的方式。

當你開始滿足自己，才能滿足他人。
若是自己無法感到愉悅，
一般而言，對方也感到失望。

——偉恩．戴爾（Wayne W. Dyer）

第 7 章
正向思考，改變心態就能改變自己

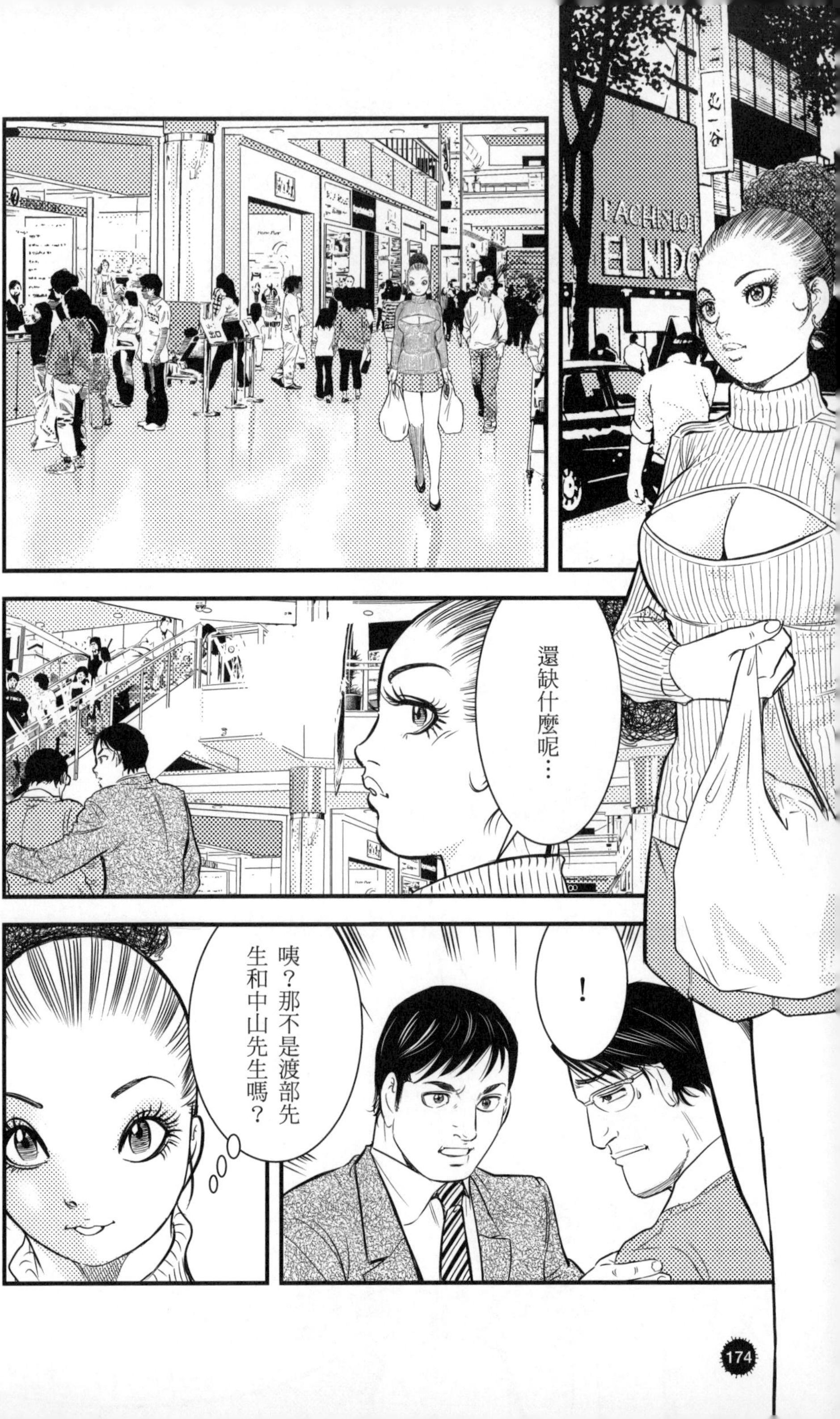

ELNDO
還缺什麼呢…
!
咦？那不是渡部先生和中山先生嗎？

午安！你們兩個今天聚在一起有事嗎？
喔！
尾崎～
尾崎，妳來得正好。得救了！
原來你們在商量中山先生重新找工作的事啊。
可是中山先生這個樣子，我真的被他打敗了。
我已經完了…
你從剛剛就一直這麼說…

我不是說了嗎？與其找我商量，找嶋田先生商量比較好。
不要，我絕對不找他！
啊～那是因為社長他…
微笑金融
臭小子！這根本不是道歉的態度！
使勁
猛踢
因為當時社長對他大發雷霆…
因為社長這樣，所以你才怕得不敢再拜託社長嗎？

垂頭喪氣
不過，同樣是上班族的我來看，他之前待的公司確實很糟…
這回變成這樣的狀況其實也無可厚非。
既然是血汗公司，確實不該追究你的責任…
雖然這麼說，我畢竟提不出什麼好建議，所以現在中山先生還是不知道該怎麼辦…
好！
既然這樣，就讓社長最得意的弟子，尾崎朋子我來助一臂之力，拯救中山先生！
咚
咦？真的嗎？
我們一起努力吧！
緊握

來！加油！健康的精神
來自健康的身體！
呼
呼
呼
呼
呼
呼
找工作一定
要這樣嗎？
呼
呼
而且…為什麼連
我也要一起跑？
呼
像健走或慢跑這樣具
有韻律感的運動能夠
促進腦內物質血清素
的分泌。
血清素
血清素不足時，人的
精神平衡容易崩潰，
所以要注意，因此需
要養成運動習慣。
發抖
發抖
發抖
發抖

Bar Moon
下一個課題！

血清素的效果

血清素不足的主要症狀

- 容易倦怠
- 依賴酒精或賭博
- 發呆
- 提不起幹勁
- 偏頭痛
- 情緒不穩定
- 憂鬱
- 失眠

……等等

血清素和多巴胺及腎上腺素並列為三大神經傳導物質，影響情緒控制及睡眠。

來！大聲說出自己想成為什麼樣的人！
我想成為一個正經人…
喃喃
聲音太小了！
心理學上有一種「公開表明效應」。

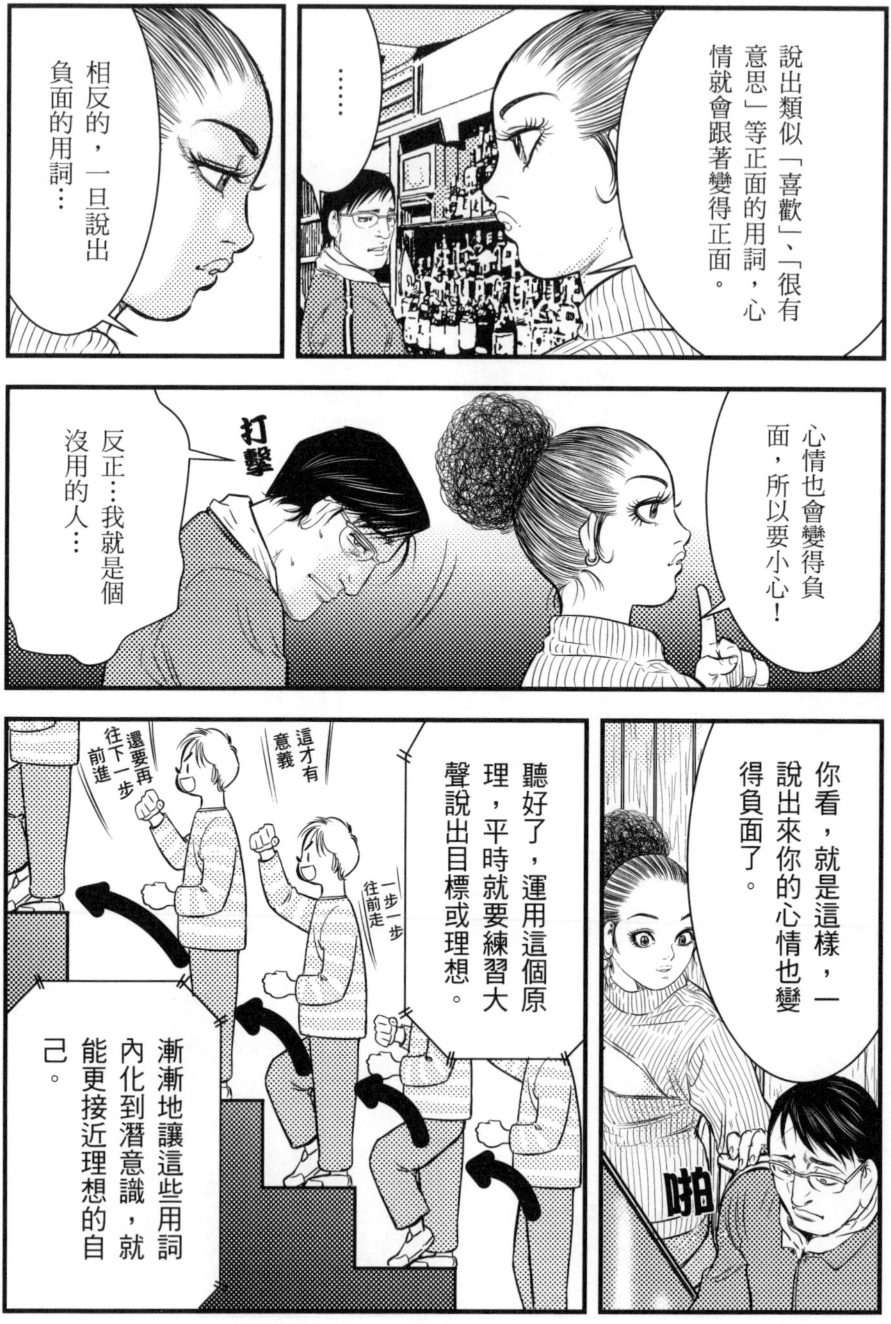
說出類似「喜歡」、「很有意思」等正面的用詞，心情就會跟著變得正面。
……
相反的，一旦說出負面的用詞…
心情也會變得負面，所以要小心！
打擊
反正…我就是個沒用的人…
你看，就是這樣，一說出來你的心情也變得負面了。
啪
聽好了，運用這個原理，平時就要練習大聲說出目標或理想。
這才有意義
還要再往下一步前進
一步一步往前走
漸漸地讓這些用詞內化到潛意識，就能更接近理想的自己。

喔喔！我要成為能夠堅持自我的人！
渡部先生，做得好，就是這樣！

公開表明效應

持續地將理想或目標說出口，漸漸內化，就能實現說出的內容。

你們在幹嘛？打算成立什麼新的講座嗎？
老闆，不是這樣的，這是為了中山先生…
中山先生過去一直不順利，我想是因為「回授效應」的關係。
回授效應？

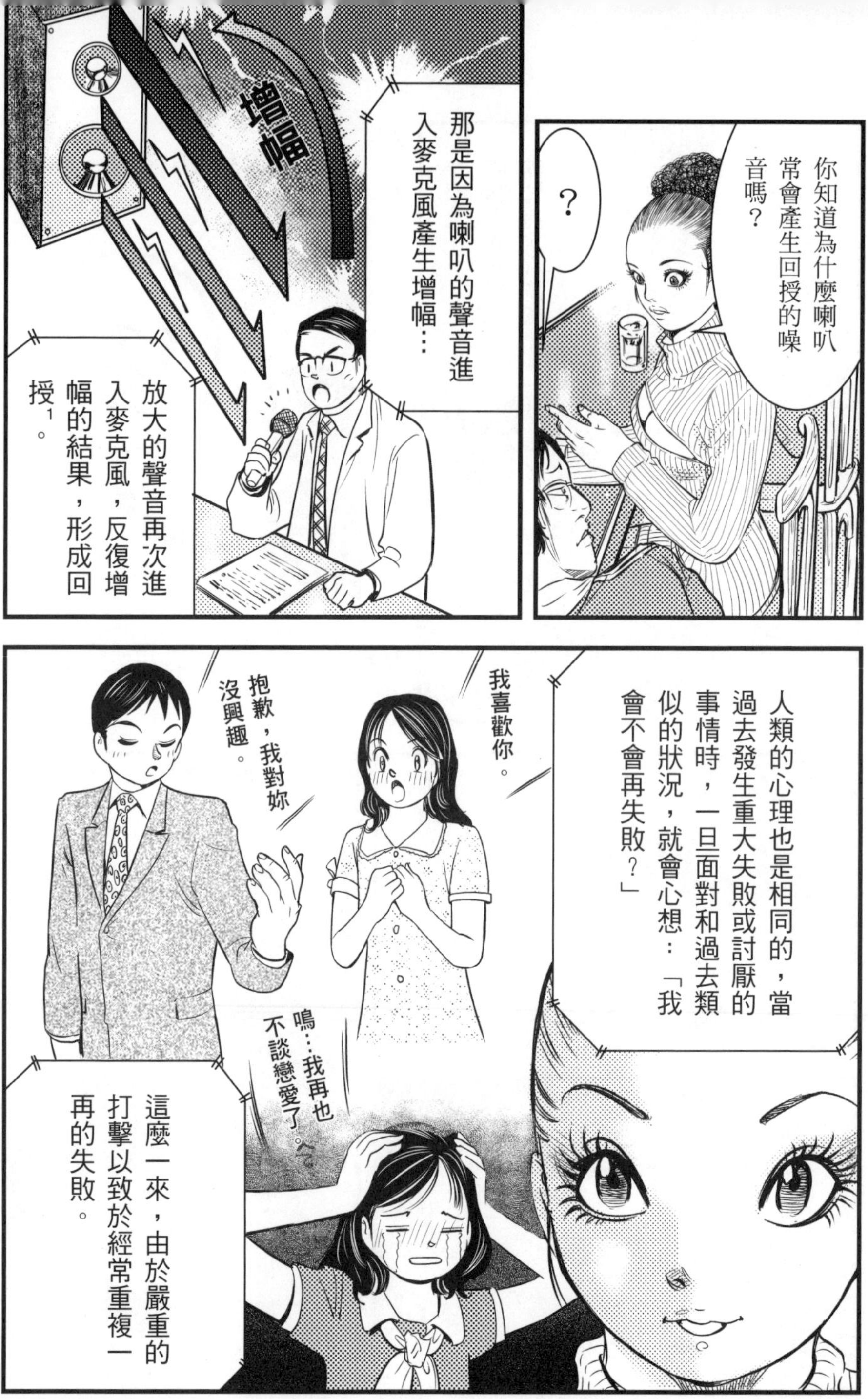
你知道為什麼喇叭常會產生回授的噪音嗎？
？
那是因為喇叭的聲音進入麥克風產生增幅……
增幅
放大的聲音再次進入麥克風，反復增幅的結果，形成回授[1]。
人類的心理也是相同的，當過去發生重大失敗或討厭的事情時，一旦面對和過去類似的狀況，就會心想：「我會不會再失敗？」
我喜歡你。
抱歉，我對妳沒興趣。
嗚…我再也不談戀愛了。
這麼一來，由於嚴重的打擊以致於經常重複一再的失敗。

注：音樂業界稱為Howling

回授效應

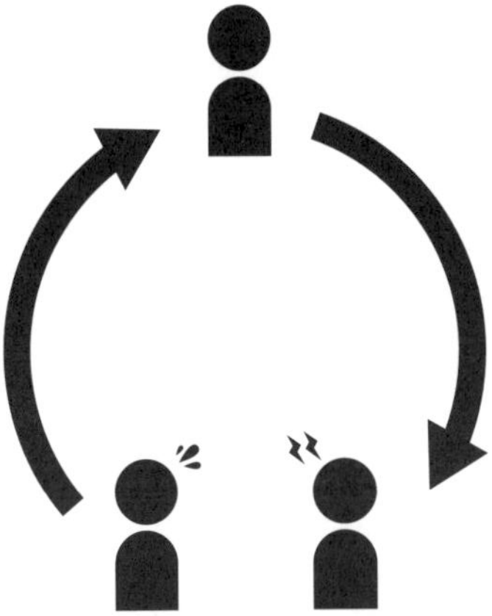

受過去失敗的影響，一遇到相同的狀況就害怕再度失敗，因而重複失敗的現象，和回授現象類似。

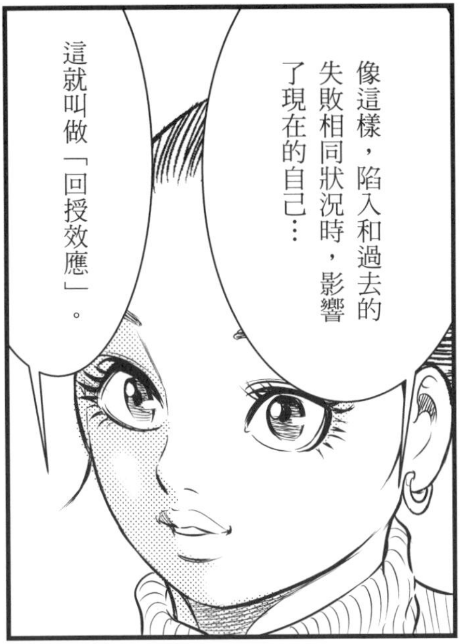
像這樣，陷入和過去的失敗相同狀況時，影響了現在的自己…
這就叫做「回授效應」。

雖然之前失敗了，但是中山先生現在不是很努力嗎？你要更有自信！

尾崎小姐～
緊抱
我…我會更努力！
這小子…竟然趁機抱住尾崎小姐。

過了幾天——
因此呢，老闆，我認為……
中山先生變得很有活力呢！
我本來還很擔心呢！
這是因為尾崎小姐指導有方。
不客氣。
不過，妳為什麼會為了中山先生熱心到這種程度呢？
……
嗯…除了為了中山先生，也是為了我自己，不過，最主要是為了社長…
……
如果不是社長，我現在根本不可能笑得出來。
尾崎小姐…妳？

是的……那是我高一的時候……
爸爸，別這樣！
朋子，原諒我，就算活著我也沒辦法了。
啪喳
啪喳
火勢擴散
我父親因為欠了一屁股債，放火把家裡燒了，打算全家同歸於盡。
最後只有我勉強逃過一命，但之後的人生卻有如地獄。
爸爸！媽媽！
轟
轟
轟
轟

每天都吃不下睡不著，簡直就像個行屍走肉…
寄宿的親戚都嫌我累贅，因而輾轉被送到孤兒院…
我當時再也無法信任何人。
原來妳有這麼痛苦的經歷…
不過…讓我從這樣的情況下，重新振作起來的契機，就是父親的友人社長。
你是尾崎先生的女兒？真是一臉喪氣的小鬼。

以文字寫下心情

心情煩躁時，是腦袋呈現一片混亂的狀態。記錄下來，使心情化為肉眼可見的文字後更容易加以整理。

NOTE
啪嗒
要是心情不好，把你的心情全寫在這裡！

客觀地看待自己的心情，多少能冷靜下來。
咦…？
NOTE
第一次碰面就這麼突如其來的，他很奇怪吧？
要說像嶋田先生的風格，的確是他的風格…
社長教了我許多事，
讓我全盤了解人心善良的一面、惡劣的一面，支持著我，直到我重新振作起來。
堅定

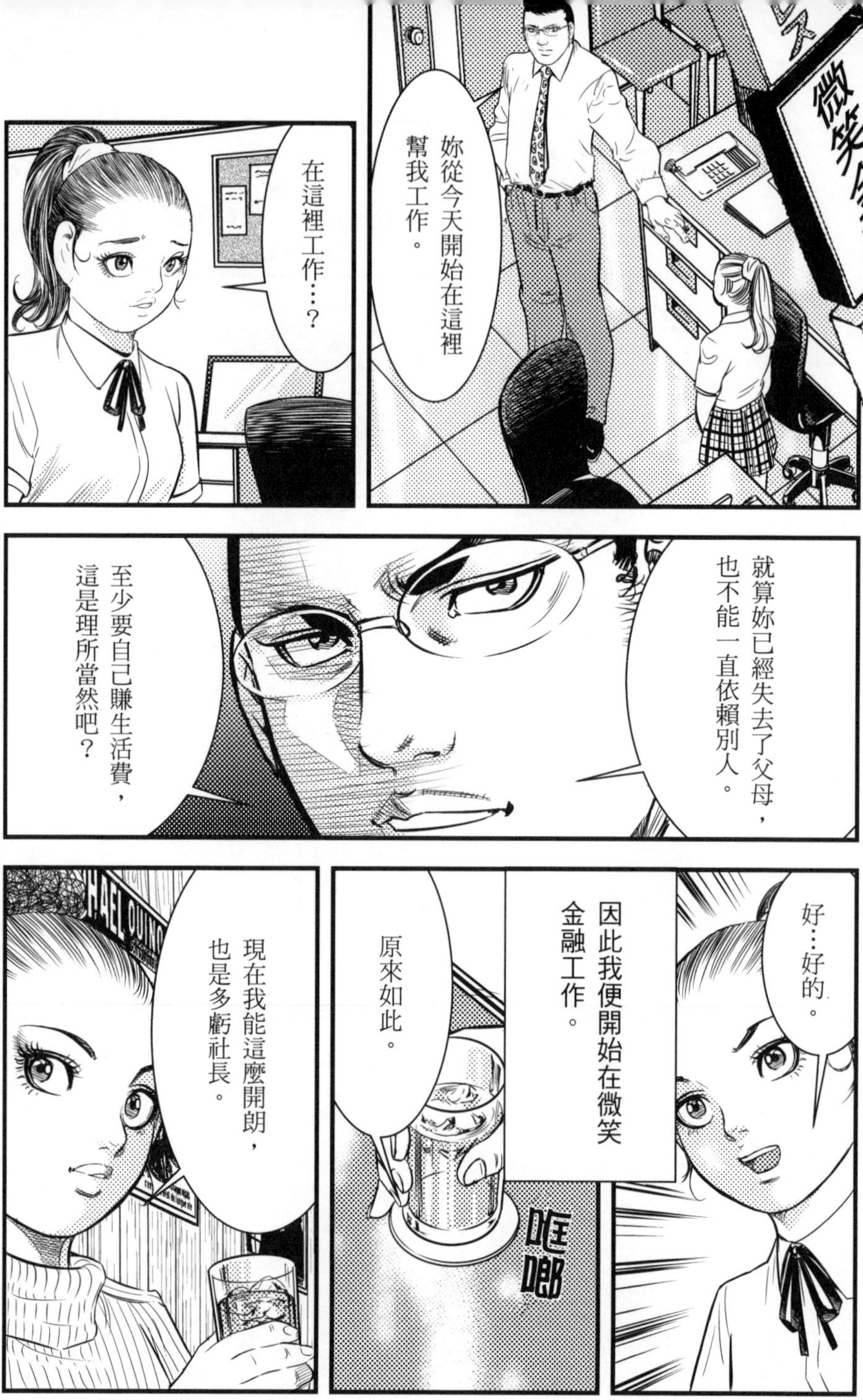
微笑金融
妳從今天開始在這裡幫我工作。
在這裡工作…？
就算妳已經失去了父母，也不能一直依賴別人。
至少要自己賺生活費，這是理所當然吧？
好…好的。
因此我便開始在微笑金融工作。
原來如此。
哐啷
現在我能這麼開朗，也是多虧社長。

因為曾有那樣的經歷，所以才無法對消沉的人視而不見…
哈哈哈
我想在社長身邊學習更多，有朝一日像社長一樣，幫助許多困難的人是我的夢想。
堅定
現在我連他腳趾頭也比不上，不過總有一天我一定…
這就是繼承嶋田主義了呢！如果是妳，絕對做得到！
你這句話真有意思！謝謝你，渡部先生。
期待女版嶋田喔！

等那個時候，我才能對社長表白真正的心意…
我決定了！管它什麼六年資歷的飛特族！
碰！
管它什麼血汗企業！老子我做給你看！
咚！
好，趁中山先生恢復活力，開始進入訓練的第二部分！
來，中山先生，快起來！
哇…以為他終於振作起來了，竟然是喝醉了。
咔嚓

驚！
嶋田先生！
中山…
是，嶋田先生！
看來你的氣色恢復得不錯嘛！
多虧尾崎小姐幫忙。
是我多事了，社長…
我…這次一定好好工作，然後確實償還借款。
或許會花一些時間，但是我一定會報答這份恩情。

我雖然對你不抱希望，
不過還是會等你。
但是，尾崎！
是…
多謝妳了！
不客氣。
不過，妳還太嫩了！
光靠妳目前的功力要
讓這個窩囊廢重新作
人大概得花一百年！
哈哈！
中山！明天十二點到公司來，
接下來由我親自嚴格訓練！
啪！
是的！麻煩您了！

專欄 7 善用「自我暗示」的力量過著積極的人生

技巧 1 先試著自問「討厭某個人」的理由

應該有很多人知道「安慰劑效應」（placebo effect）吧？原本沒有任何藥效的東西，因為深信藥效而產生效用的心理學原理。這一章要解說的便是這類「自我暗示」（Auto Suggestion）對心理的影響。

不論是誰，總會有一、兩個討厭的人。本篇將介紹如何以自我暗示技巧面對令你感到棘手的人。

首先，你需要了解人類天生具有「投射」（projection）的心理防衛機制。這是下意識的自卑感或是勉強壓抑自我厭惡的部分，卻在他人身上看見，而產生的心理拒絕反應。

因此，先試著回想一下那些令你感到棘手的人，你厭惡他們個性的什麼部分？或許原因是基於其中有著你對自我的投射。重新自我反省雖然是件痛苦的事，但嘗試一次看看理應有益無害。

接著，當確定其中原因時，相對地該努力尋找對方的優點。或許能發現對方和自己的共通點而帶來自信與好感，同時也能消除內心的疙瘩，可說一舉兩得。

技巧2 自我暗示的力量，說出口就能改變自己

代表「自我暗示」的其中一個用詞是「公開表明效應」（profess effect）。這是說出口的言語逐漸內化，開始認為自己確實有這種想法，最後行為也跟著產生變化，符合說出口的言詞。尾崎正是利用這樣的心理效果，讓中山與渡部實際說出目標。

因此，無論如何都想實現的目標及理想，不要只是在腦海中描繪，而應該平日就對周遭的人說，即使難以實現，也絕對不要說「不可能」。言詞會滲透到內心，正是

公開表明效應。反言之，要是不斷地說些否定的言語，原本努力就能實現的夢想也會逐漸變得遙遠。

其他還有「對討厭的事物持續地說喜歡」、「把自己好的一面說出口，養成自信」等應用方式。當你想改變自己時，請立刻說出口吧！

公開表明效應

持續地將理想或目標說出口，漸漸內化，就能實現說出的內容。

技巧3　寫出你的心情，癒癒內心的煩憂

雖然人們理所當然地以為很了解自己心裡在想什麼，但其實人們無法以言語表達心情的時刻出乎意料地多。想釐清腦海中的千頭萬緒，運用嶋田社長要尾崎小姐做的「把心情徹底地寫在紙上」，絕對可以得到很大的成效！

這種做法有兩個優點，一是就像前面所說，將內在混亂的情緒以詞彙表達，透過

文字成為肉眼可見的形式。只需要這麼簡單的動作，就能讓煩躁的情緒一掃而空，心情爽快。

第二個優點則是能確實、具體地掌控腦海中占了多少不安或壓力。只要能了解對自己而言目前最主要的壓力是什麼，就能擬定消除壓力該採取什麼行動的對策。

當負面情緒糾纏在腦海中，無法挪出心思過正常的生活時，不妨讓自己的頭腦化為具體的視覺，減輕心靈的負擔吧！

以文字寫下心情

心情煩躁時，是腦袋呈現一片混亂的狀態。記錄下來，使心情化為肉眼可見的文字後更容易加以整理。

技巧4 多運動補充血清素

對於經常生活在壓力下的現代人而言，身心的健康比任何事都重要。然而，你是否知道心靈的健康受到身體健康很大的影響。

很多情況下，憂鬱症的首要原因是「血清素」不足。血清素和多巴胺及腎上腺素並列為三大神經傳導物質，是保持精神穩定不能欠缺的。當人欠缺血清素時，腦袋容易昏昏沉沉，情緒不穩定，睡眠荷爾蒙「褪黑激素」也會不足，因而引起失眠症狀。

血清素很容易因為生活不規律或慢性運動不足而造成缺乏，然後逐漸形成情緒穩定的障礙。為了防範血清素不足，適度的運動及日光浴極為重要。因此，晴朗的天氣不要窩在家裡，外出散散步也是讓身心健康的第一步。

血清素的效果

血清素不足的主要症狀

容易倦怠	依賴酒精或賭博
發呆	
提不起幹勁	偏頭痛
情緒不穩定	憂鬱
失眠	…等等

血清素和多巴胺及腎上腺素並列為三大神經傳導物質，影響情緒控制及睡眠。

技巧5

不要一再回顧過去的失敗

產生壓力的原因不是只有現在，有時是因為受到過去的失敗拖累而產生。人類記憶悲傷的感情遠比喜悅的感情更長久，這也無可奈何。

然而，忘不了過去的悲傷畢竟會對現在帶來極嚴重的惡劣影響，因為會產生尾崎說明的「回授效應」（howling effect）。

所謂的「回授效應」，指的是因為忘不了過去失敗的記憶，當下一次同樣的狀況再度發生時，心想「要是再度失敗該怎麼辦」，因而重複同樣失敗的心理傾向。如同音響的喇叭，喇叭發出的聲音進入麥克風而產生增幅，然後增幅的聲音再次進入麥

回授效應

受過去失敗的影響，一遇到相同的狀況就害怕再度失敗，因而重複失敗的現象，和回授現象類似。

克風而產生「回授」，猶如人類的心理不斷預期自己的失敗而重蹈覆徹。

應對方式是竭盡所能做到「即使反省也不後悔」。從過去的失敗找出有助於改進下次經驗的教訓，踏實地一步一步累積成功，充實自己，面對現在的生活。

從你的用語中消除「太難了」、「我做不到」這兩句話。

——艾彌爾．庫埃（Emile Coue）

第8章 話術，是商品最有效的包裝

哦～那真是太好了。先跟你說聲恭喜！
嗚嗚…
努力得到代價了。我終於成為社會人士了。
恭喜！中山先生。
尾崎小姐…
謝謝妳！尾崎，也多虧妳的幫忙！
緊握
啊！
臭小子！少得意忘形！別對我公司的員工毛手毛腳！
啊…抱歉！
轉身
嘻嘻
那麼，下個月可以開始重新還款了吧？

這…這個…
臭小子，你該不會又進去什麼不三不四的公司吧？
不…不是這樣的，只不過…
前幾天，我自暴自棄地去雜貨店面試。
結果店長非常熱衷小鋼珠，一聊起來莫名地投緣。
嗯，聽你講了這麼多，你這個人還滿有意思的。我就錄用你了！
咦？真的嗎？
不過，有一個條件…
哦…

首先是試用期間的三個月，每個月的業績希望你至少達成一五〇萬。
一個月一五〇萬！
你會驚訝是當然的。
……
因為我很中意你，也很希望你能成為我們公司的一分子好好工作。
但是只憑個人好惡來判斷實在不行，尤其是你的資歷又這麼糟。
什麼嘛！到頭來……只是拐彎抹角地拒絕嘛！
在其他員工面前，先以打工身分加入，只要達到這個業績……
……
你做得到吧？
盯

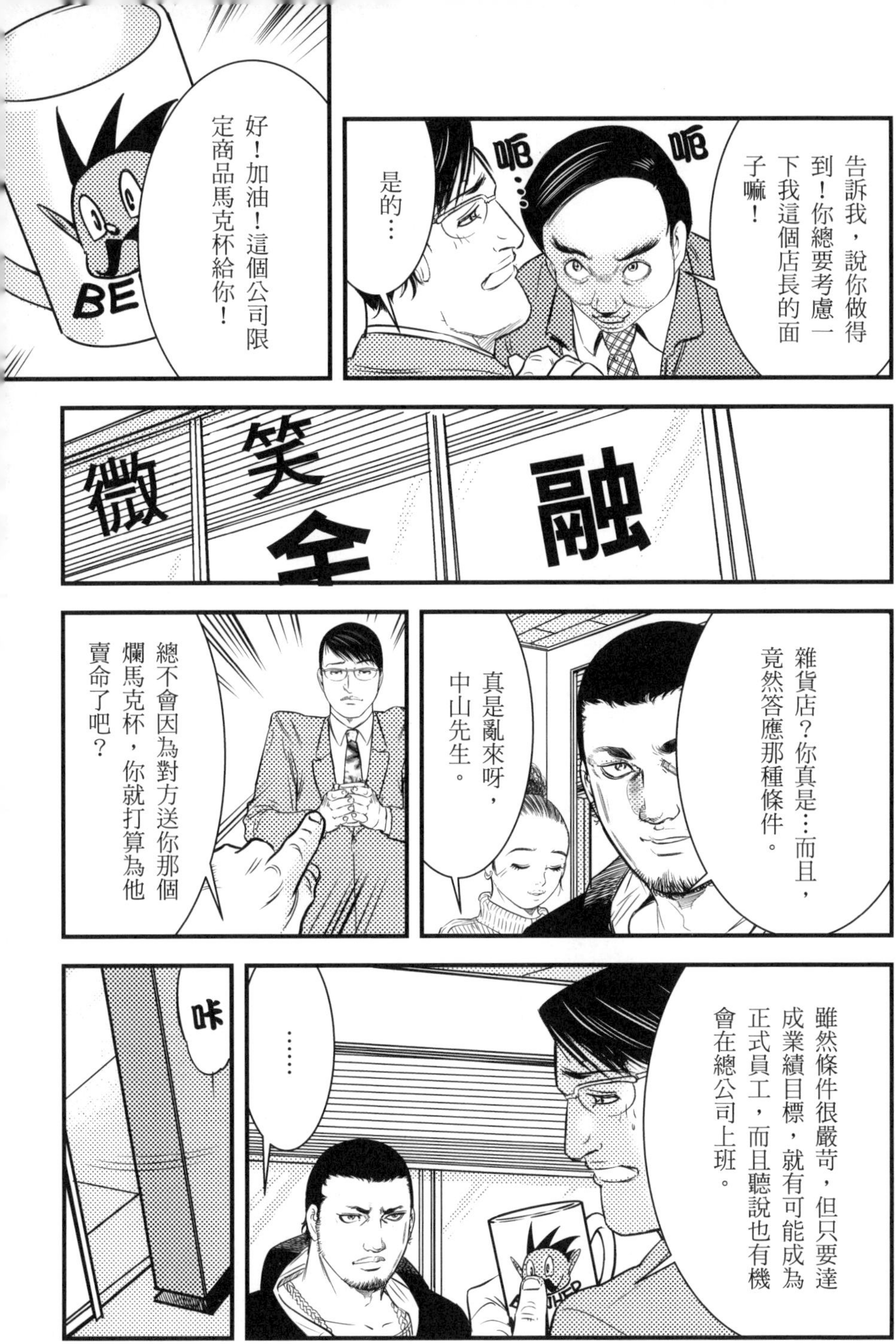
告訴我，說你做得到！你總要考慮一下我這個店長的面子嘛！
呃
呃…
是的…
好！加油！這個公司限定商品馬克杯給你！
微笑金融
雜貨店？你真是…而且，竟然答應那種條件。
真是亂來呀，中山先生。
總不會因為對方送你那個爛馬克杯，你就打算為他賣命了吧？
雖然條件很嚴苛，但只要達成業績目標，就有可能成為正式員工，而且聽說也有機會在總公司上班。
……
咔

各位！大家好~
!?
衝進
咦？怎麼了？氣氛這麼沉重？在談什麼大事嗎？
看也知道吧！少打擾我們！
啊！
真是的！竟然在這種時候跑來，麻煩的傢伙…
這不是賓漢橋的馬克杯嗎？這個現在很搶手耶。

請…請收下。
迅速
哇～好可愛！
什麼嘛，妳知道這個？
豈止知道，那裡可是次文化雜貨聖地般的商店喔！
嘀咕
…敗給妳了！無關緊要的事倒是一清二楚。
因為我常去買戀愛黑魔法用品啊！
對了，以前沒見過你，是客人嗎？
啊…是的。
不愧是…為了戀愛，什麼都不奇怪呢！

我叫中山浩二…
我叫小嶋夢美。請多指教，中山君。
好…好可愛～
臉紅
喂！小嶋，現在正在談要緊的事。妳沒事的話，快點回去找妳的白馬王子。
呼
氣呼
什麼嘛！幹嘛這樣說，簡直瞧不起人嘛，王子哪有這麼容易出現的。
我沒時間陪妳說童話故事！快走！
好嘛好嘛！我知道了！小嶋退場～嚕。
無精打采
下次我們再慢慢聊喔。

呆
喂！廢物，你怎麼滿臉通紅。先提醒你，你最好不要跟那個女人有瓜葛。
你好狠！竟然這麼批評一個那麼甜美可人的女孩。
會買黑魔法商品的女人甜美可愛？你腦子燒壞了？
會常來我們店裡不正是一個好機會嗎？這麼一來我可不能再抱怨了！
嶋田先生！請答應關乎我人生大事的請求，讓我成為推銷高手，請當我和小嶋小姐的愛情丘比特！
突然
……
這傢伙也是怪咖嗎…？物以類聚大概就是這種情況吧？

請問…耳機區是在哪邊呢？
耳機嗎？在這裡。
有沒有推薦的品牌呢？
我想想看…
！
啊！您是不是喜歡聽流行音樂呢？
你怎麼知道？
因為胸章…
啊！

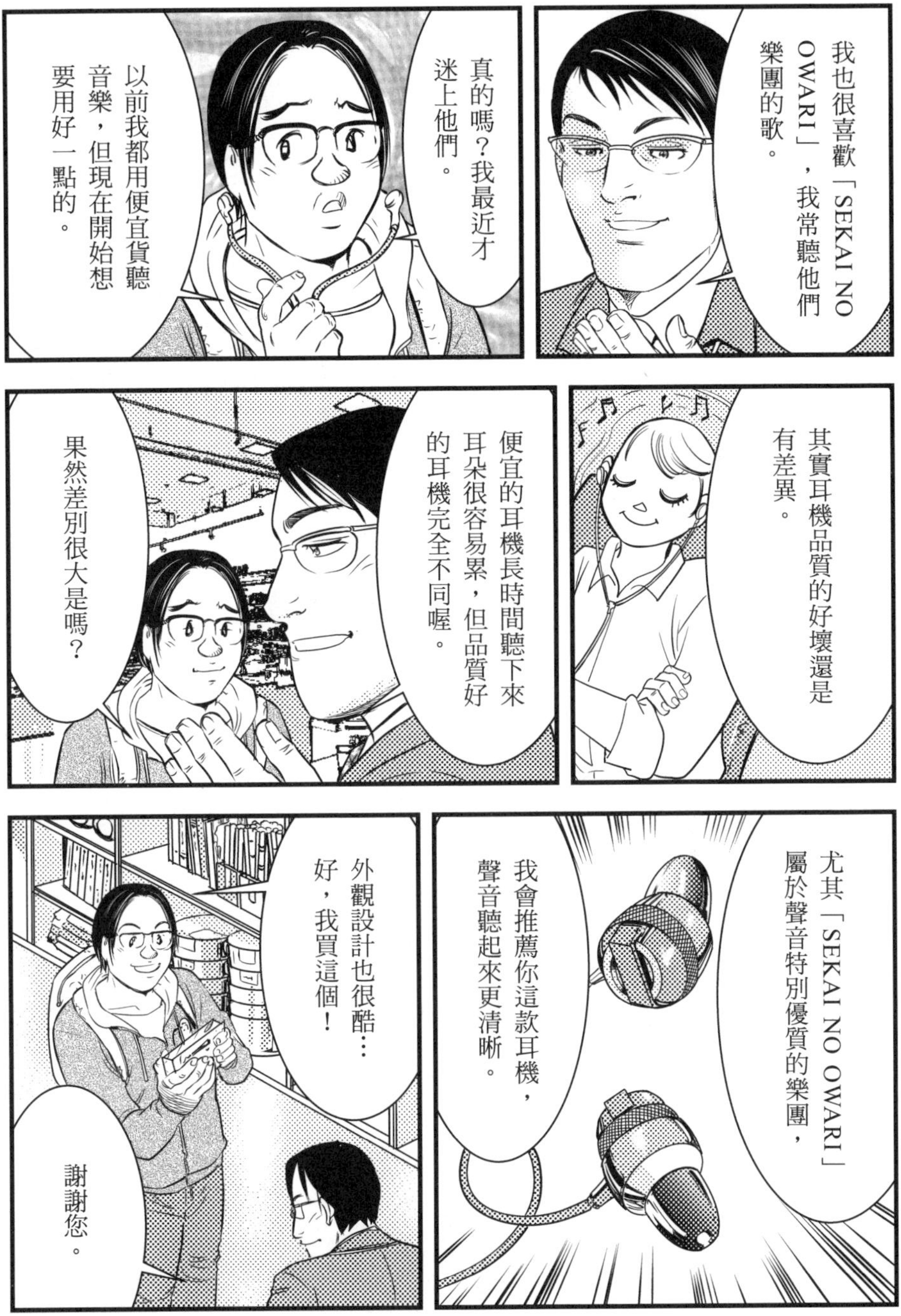
我也很喜歡「SEKAI NO OWARI」，我常聽他們樂團的歌。
真的嗎？我最近才迷上他們。
以前我都用便宜貨聽音樂，但現在開始想要用好一點的。
其實耳機品質的好壞還是有差異。
便宜的耳機長時間聽下來耳朵很容易累，但品質好的耳機完全不同喔。
果然差別很大是嗎？
尤其「SEKAI NO OWARI」屬於聲音特別優質的樂團，
我會推薦你這款耳機，聲音聽起來更清晰。
外觀設計也很酷……好，我買這個！
謝謝您。

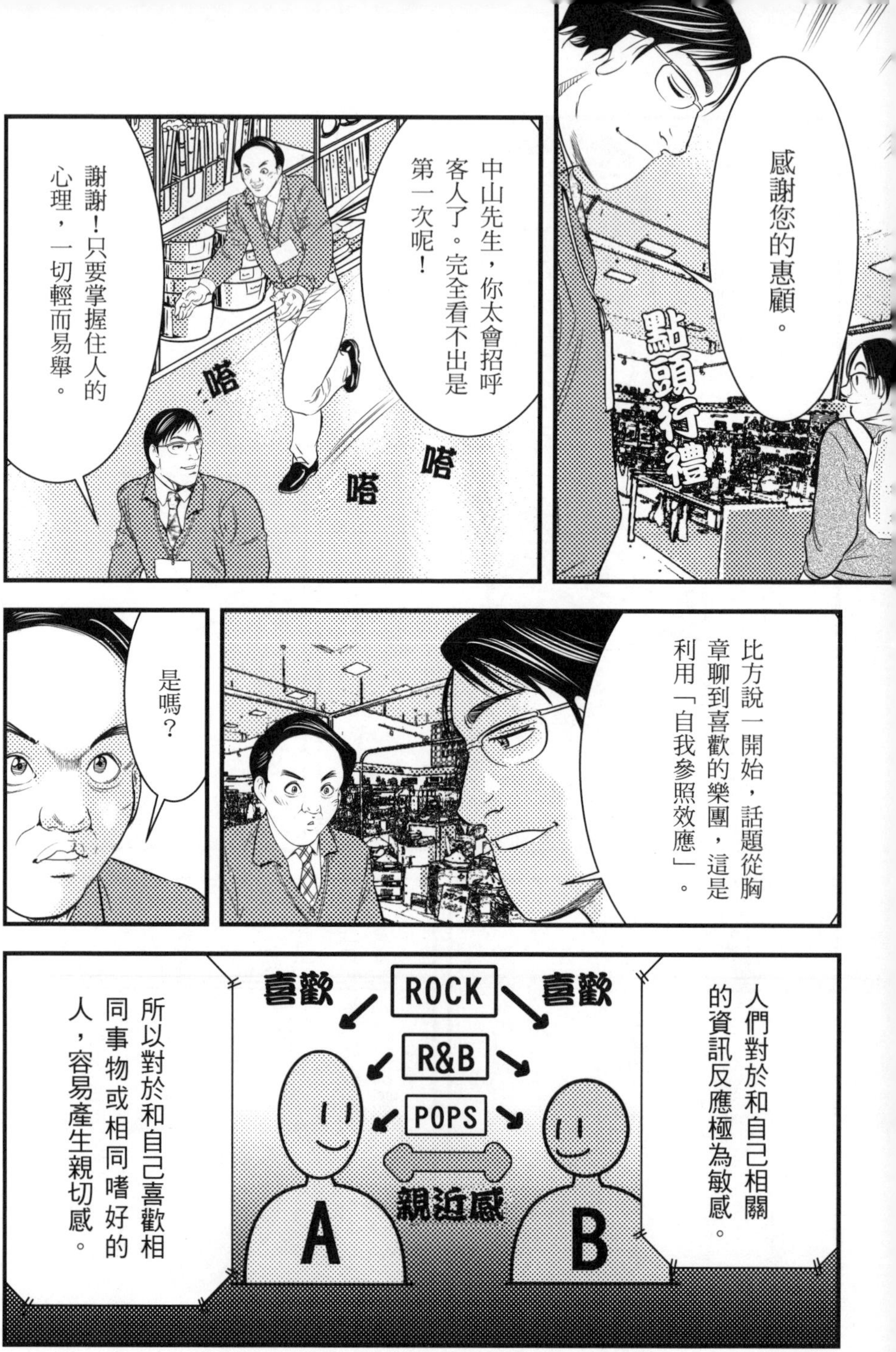

感謝您的惠顧。
點頭行禮
中山先生，你太會招呼客人了。完全看不出是第一次呢！
謝謝！只要掌握住人的心理，一切輕而易舉。
嗒
嗒
嗒
比方說一開始，話題從胸章聊到喜歡的樂團，這是利用「自我參照效應」。
是嗎？
人們對於和自己相關的資訊反應極為敏感。
喜歡
喜歡
ROCK
R&B
POPS
親近感
A
B
所以對於和自己喜歡相同事物或相同嗜好的人，容易產生親切感。

自我參照效應

閱讀
音樂
旅行
運動
工作
讀書

人們會強烈關心周遭的事物。即使沒有直接關係，對於感興趣領域的話題反應也會較為敏感。

所以我剛剛大膽地指出他配戴的胸章…
只要感興趣的話題能投其所好，對方就容易聽進我說的內容。

原來如此…

當顧客興致盎然地聽我說話，再推薦商品時…

運用「漸層法」，把「請買這個商品」這句最想說出的話，最後才提出來。
抽絲剝繭地進入話題核心，這麼一來，就容易刺激對方的期待感。
這個商品很不錯喔！

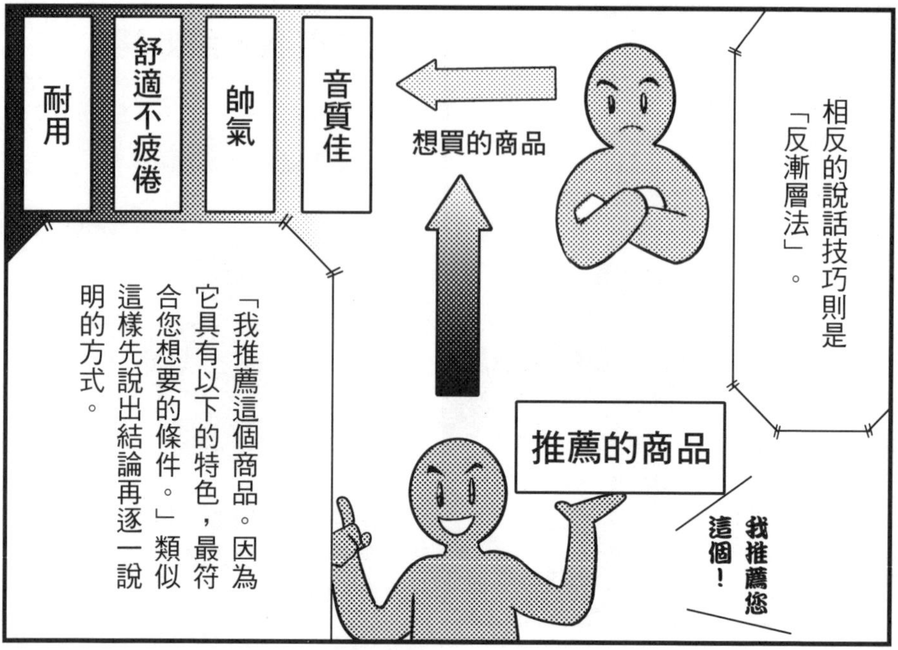
相反的說話技巧則是「反漸層法」。
想買的商品
音質佳
帥氣
舒適不疲倦
耐用
推薦的商品
我推薦您這個！
「我推薦這個商品。因為它具有以下的特色，最符合您想要的條件。」類似這樣先說出結論再逐一說明的方式。

漸層法&反漸層法

漸層法

依據

↓

結論

反漸層法

結論

↓

依據

先列舉依據的理由最後再提出結論，或是先說結論，再闡述依據的理由。根據不同情況選擇哪個方法適用、有效。

這個說話技巧感覺條理分明，容易了解，給人爽快的印象。

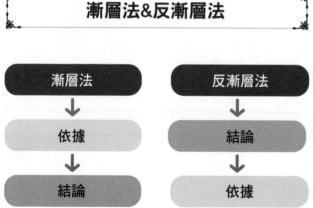

因為兩種技巧都各有優點，所以必須因應對象或場合來運用。
真是了不起的想法！

我簡直是挖到寶了！
中山！就照這個樣子繼續努力！
是的！
一把抓住
而後，中山靈活運用這些技巧嶄露頭角。

還有像這樣的技巧。
這件很好喔！很適合您！
真的嗎？那麼，我就買這件好了！

倒裝句的心理效果

這件很適合您，很好喔！

↓

這件很好喔！很適合您！

使用倒裝句，把想要強調的句子放在最後，更能把想法傳達給對方。

100位
費者
驚奇
體驗
六成購買者的心聲⋯
六成
購買者的
心聲
不買
就虧
大了
反過來說，四成的人毫無反應，但是以「正向的句子」來表現，應該會令人覺得有成效。
唰 唰
就像花車特賣的海報上寫著「只有現在才能撿便宜」、「不買會後悔」的感覺吧⋯

語句的變換

手術成功能痊癒的機率90%，但手術失敗而死亡的機率是10%

正向語句

接受這個手術，
90%的機率可以成功治癒。

負向語句

接受這個手術，
10%的機率可能會死亡。

雖然手術成功的機率較高，但是先說出死亡機率時，很多人會因而猶豫。

「現在不買就虧大了」的負向語句，比「現在買，更便宜划算」更能煽動情緒。
唰

三個月後
哇！好厲害！中山，沒想到你竟然能輕鬆達成業績…
咦？
工作很愉快，不知不覺投入其中，營業額就自然提高了…
其實我必須向你道歉。面試時，故意提出這麼高的條件刁難你。
要是你因為我提出的條件退縮而辭職，我想你也只是個沒用的人。但是你不一樣…
你竟然真的達到這個業績。這真的很了不起。
謝謝你。
我想就照當初說好的條件，錄用你為正式員工加入我們公司。
如果是你，再稍微累積一些經驗，我會向總公司推薦請調你過去。
中山浩三

真的嗎？謝謝您！
我以後也會加油的！
中山浩二
那麼，等下班後
我們再慢慢聊。
是…是的。
我做到了！我
期盼成為正式
員工的心願。
這不是中山先生嗎？
你怎麼在哭？
哇
小…小嶋小姐。
沒…沒什麼。
嚇我一跳…
吸吸
你說在這裡工作，
原來是真的。
嘿嘿
沒錯。我是這裡
貨真價實的員工。

我今天是來找看看有沒有新到貨的黑魔法商品？
剛好昨天有新上架的書喔，要看看嗎？
真的？我要看！
中山先生也喜歡黑魔法嗎？
當然，因為我是公司員工，多少知道一些喔！再怎麼說我也是員工嘛！員工⋯
為什麼從剛剛就一直強調員工呢？
哎呀，被妳發現了？事實上，我剛剛才正式成為這裡的員工。
咦？是⋯是嗎？恭喜你！

以後我會更詳細調查一些黑魔法的資訊，有不錯的資訊我再告訴妳！
哇！真的嗎？能夠找到同伴，太好了！
緊緊抓住！
啊…我…我也很開心！
她對我這麼友善，以後兩人應該有希望！
我絕對不會錯過這個機會，不論使用任何手段…
艾爾斯
微笑金融
我怎麼有種不妙的預感…

專欄 8

改變說法方式，一圓看起來也有一百的價值

技巧 1

被零頭數字吸引的原因？

如同「禍從口出」這句話所言，有時無心說出口的一句話，卻會帶給對方意料之外的印象。不過，相反的，有時候只需換個說法，就有可能帶給對方良好的印象。這一章要介紹的就是這種轉換說詞的技巧。

首先是在便利商店時，你是否發現常會看到「九八圓」、「三四八圓」之類尾數是「八」的定價？這是看準「零頭尾數效果」而設定的價格，亦即尾數定價策略（mantissa pricing）。

人們對於明確的整數容易抱著草率粗略的印象，如果是零頭數就會產生是否有特別意義的錯覺。因此，相較於「一〇〇圓」或「三五〇圓」等漂亮的數字，零頭尾數更容易引起注意。

這個原則不僅適用於市場行銷，也可以運用在日常生活中。例如，與習於遲到的友人相約時，不妨指定如「十二點三八分」之類有尾數的時間吧！這麼一來，對方會心想：「這是不是有什麼意義呢？」而努力準時赴約。

技巧2

負向語句更能觸動人心

大部分的人都對數字沒輒，只要遇到作為依據的資料或數字就不知不覺地退縮。但是，當對方提出數字時，或許先試著冷靜思考比較好。

提示說話內容的技巧有「正向語句」和「負向語句」。中山在製作宣

語句的變換

手術成功能痊癒的機率90%，但手術失敗而死亡的機率是10%

正向語句

接受這個手術，
90%的機率可以成功治癒。

負向語句

接受這個手術，
10%的機率可能會死亡。

雖然手術成功的機率較高，但是先說出死亡機率時，很多人會因而猶豫。

傳海報時靈活加以運用了這種語句變換技巧，「六成的人驗證有效！」這類宣稱內容優點為著眼點的屬於前者；「現在買才划算！不買就虧大了！」這種以事物的風險或壞處作為煽動技巧的是後者。即使相同一件事，變換語句也會使得說明產生完全不同的效果，最好要牢牢記住。

一般來說，警告危機或損失的「負向語句」更容易打動人心。當一個人同時評估「獲得某物的可能性」與「損失某物的可能性」，往往傾向選擇迴避損失。記住這一點肯定會有幫助。

技巧3 加強重點！以倒裝句來傳達訴求更清楚

還有其他稍微轉換說法就能翻轉印象的方法。其中一個代表就是「倒裝句的技巧」。

眾所周知，「倒裝句」是移動句子中的某個詞彙，放在句子最後以加強語氣的修飾法。只需要將想強調的句子挪到最後，誰都能輕易實踐。

就像中山在推薦顧客服飾時說的，「這件很好喔！很適合您」。相較之下，應當立刻就能明白，這種說法比平舖直敘地說「這件很適合您，很好喔」更富有感情。雖然我們只有在學校的國文課本中學習過倒裝句，日常生活中很少聽到這個詞彙，所以容易覺得倒裝句只是書寫文章時的技巧。然而仔細觀察生活周遭，你會發現這其實是行銷常用手法。不過，必須注意用得過度頻繁時會令人覺得太刻意。

倒裝句的心理效果

這件很適合您，很好喔！

↓

這件很好喔！很適合您！

使用倒裝句，把想要強調的句子放在最後，更能把想法傳達給對方。

技巧4 以對方為中心的話題作為重點

接下來的技巧不是詞彙的選擇，而是談話內容的結構。即使第一次見面，也能輕易熱絡交談，不會有距離感。

中山從客人配戴的胸章發現對方喜歡的樂團，從這個話題開始延伸到商品推薦，這就是充分運用「自我參照效應」（self-reference effect）。人們對於和自己有關或是感興趣的話題總是特別關心，談這些話題能給對方留下深刻印象。因此，第一次見面的人，談一些和對方相關的事情或嗜好，能夠輕易讓交談熱絡起來。

這種時候很重要的是，就算是不感興趣的話題，也不要忘了回應或表示同意。即使最重要的話題猜中了，但卻一副興味索然的樣子，也會令對方感到很掃興。應當在適當時機表現出「十分理解對方所說的話」的態度，如此一來，對方也會對你抱著好感吧！

自我參照效應

人們會強烈關心周遭的事物。即使沒有直接關係，對於感興趣領域的話題反應也會較為敏感。

技巧 5

先說結論？後說結論？

所有的主張都必須提出論點根據。以什麼樣的方式提出根據，讓對方接受自己提出的主張，是溝通時最大的問題。先列舉根據，最後再彙整出結論的技巧是「漸層法」。這是循序漸進地說明理由，讓對方融入對話後再提出結論，或許能夠傳達感情上的訴求，不過，有時會因而容易變得冗長，反而抓不住對方的心。

另一個則是反過來，不採取按部就班的說法，而是一開始就開宗明義說出結論的「反漸層法」。以簡明易懂的形式，一開始就先表明結論，然後再一一列舉理由，具邏

漸層法、反漸層法

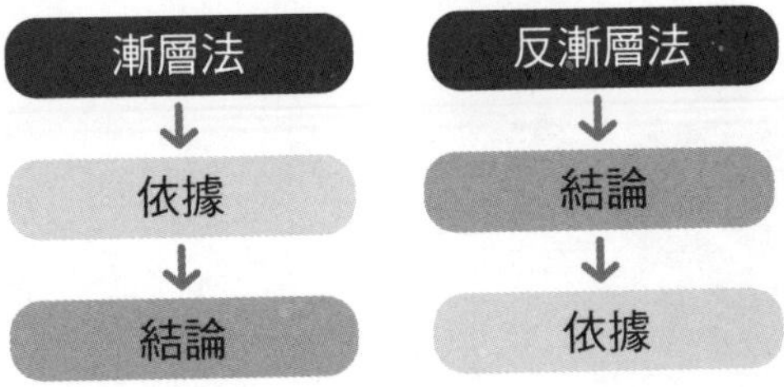

先列舉依據的理由最後再提出結論，或是先說結論，再闡述依據的理由。根據不同情況來選擇哪個方法有效。

輯性地把想說的內容傳達給對方。

隨著對象不同，兩種方法各有優劣。視情況判斷哪一種技巧較能討好對方，交涉就能更輕鬆吧！

因為每種技巧都各有優點，所以必須因應對象或場合來運用。
只要感興趣的話題能投其所好，對方就容易聽進我說的內容。

為了前進，光靠行動還不夠。
首先，有必要先了解應當朝哪個方向行動。

——古斯塔夫·勒龐（Gustave Le Bon）

第9章 餐桌上的談判藝術

我非常看好你喔！
拜託你了，渡部先生。
啪！
是的。
艾爾斯
微笑金融
笑
微
融
金
RUN
好！
拍頰
振作

嚓
妳好。
渡部先生，歡迎。
嶋田社長在嗎？
是的，裡面請。
倏地
叩
叩
什麼事！
我是渡部。
進來！
打擾了。
嚓

今天有什麼事嗎？又要借錢了嗎？
不是…
既然這樣幹嘛來這裡？不是來借錢，就快滾蛋！
嶋田先生，我就直說了。我是來談生意的！
什麼？你竟然跟我說要談生意？
是的。我想對嶋田先生來說也不是件壞事…

對了，我買了蛋糕，我們不妨邊吃邊談吧？
……
尾崎小姐，能請妳幫我們泡杯咖啡嗎？
啊，好的。
請用。

嶋田先生，您過去不僅教了我很多心理學技巧，我還學到了很多重要的事情。
過去的我，只懂得附和別人而活著。
現在我知道必須要有自己的意志，去開拓自己的人生。
……
我很尊敬您。所以明知這麼說很失禮，我還是想斗膽說一句話。
您絕對不是局限在這種工作格局的人！

現在政府正大力推展支援中小企業的方案。
我們公司正好也參與其中，我是帶領這個方案推動小組的人。
哦？你已經嶄露頭角了嘛！
像我年紀這麼輕的人，竟然讓我擔當這麼重大的責任⋯
公司高層的人究竟在想什麼？實在太瘋狂了。
因此我正在尋找顧問。一個能周全地提供確切的金融知識給團隊的顧問。
Heaven's Club
嶋田先生，除了你以外沒有人能勝任這份工作。
拜託你。請和我一起參加這個計畫！
猛地

你太看得起我了。只有這件事嗎？
等等。您的厲害之處，一直與你近距離相處到現在的我可以保證。
您不要這麼堅持，先看看我們的會議再說，如何？
要是會議後覺得感興趣，再決定要不要接受…
嘿嘿
嶋田先生，有什麼奇怪的地方嗎？
我參加會議後，接下來你會要我看資料。
接下來則說一起嘗試交涉過程，逐漸讓我涉入更深的盤算不是嗎？

登門檻效應

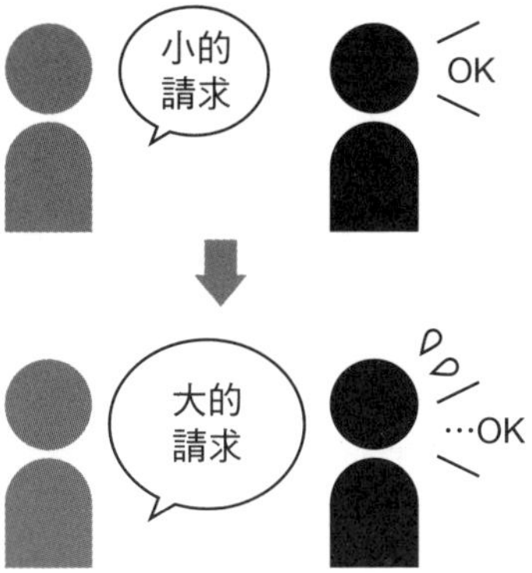
小的請求
OK
大的請求
…OK

一開始先提出小的請求，等對方接受後再漸漸提出大的要求，就容易被對方接受。

！

你竟然對我使用「登門檻效應」，膽子不小嘛？

不愧是嶋田先生…果然沒那麼輕易就上鉤。
不光是這個。你布了那麼多局，是不是太小看我了。

根據美國心理學家葛瑞格利．拉茲蘭的研究，人們在用餐時間裡提出的意見或要求，被接受的機率通常會比較高。

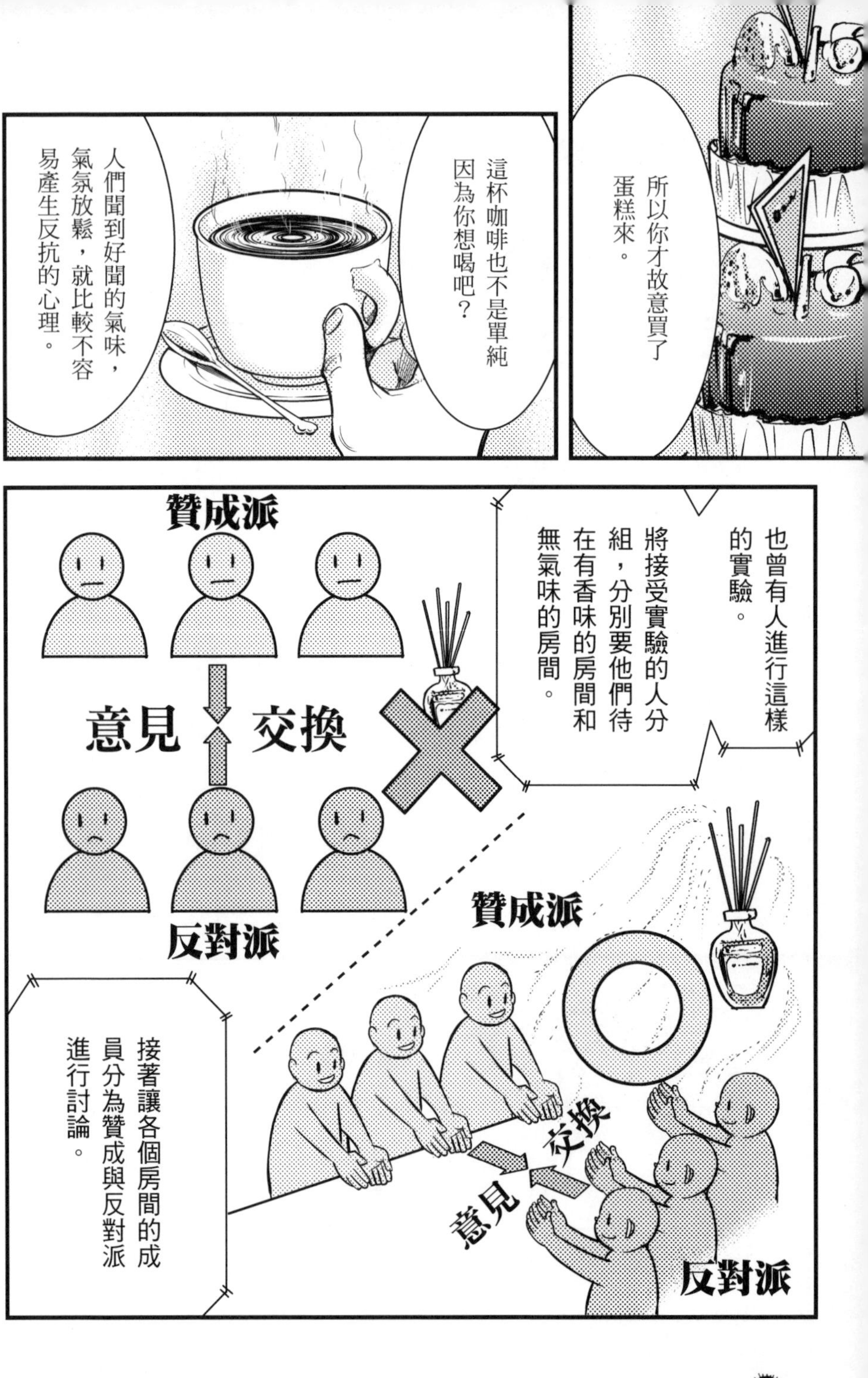
所以你才故意買了蛋糕來。
這杯咖啡也不是單純因為你想喝吧？
人們聞到好聞的氣味，氣氛放鬆，就比較不容易產生反抗的心理。
也曾有人進行這樣的實驗。
將接受實驗的人分組，分別要他們待在有香味的房間和無氣味的房間。
贊成派
意見
交換
反對派
贊成派
交換
意見
反對派
接著讓各個房間的成員分為贊成與反對派進行討論。

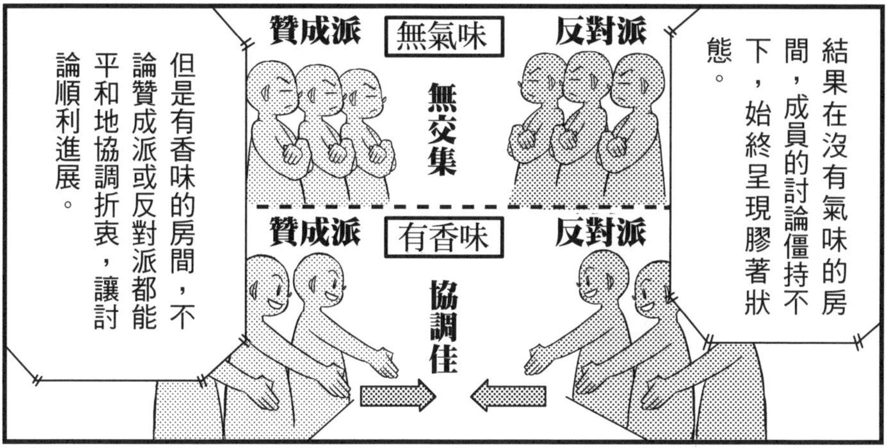
結果在沒有氣味的房間，成員的討論僵持不下，始終呈現膠著狀態。
贊成派
無氣味
反對派
無交集
贊成派
有香味
反對派
協調佳
但是有香味的房間，不論贊成派或反對派都能平和地協調折衷，讓討論順利進展。

香味的心理效果

在瀰漫咖啡香氣的場所提出請求，比在無氣味的場所被接受的機率更高。

午餐技巧

用餐時的愉悅感
交談產生的感受

人們從吃飯中得到的正面效果會不自覺和與人交談的感覺結合，而產生好印象。

全都被您看穿了呢！不愧是嶋田先生。
那麼，不參加計畫也沒關係，能不能請您成為我個人的顧問？
以不妨礙這裡的工作為前提，也會支付您相對的報酬。

原來如此。這次是採用「Yes－if」的方法嗎？
嘶
當對方面露難色時，不強迫對方，而是採取「如果…的話」，提出讓步的條件。
呼
只要對方接受這個條件，就能達成目的，而對方也能滿足，簡直是有百利無一害。

很像是你這個廢柴的做法。
行不通嗎？

Yes－If 技巧

對方的主張

如果… ＋

自己的主張

接受對方的主張，以「如果…的話」提出自己的主張，來達成雙方讓步，取得共識的技巧。

渡部，我先說清楚。不論你用什麼手段，我都不打算接受這個工作。
而且有關這件事，就算你要我提建議，我也沒有什麼可以教你的了。
我之所以這麼需要嶋田先生的幫忙，是有原因的。
……
進行這個計畫，依程序開始尋找適任的顧問人選時……
我去請教某家巨型銀行[1]法人部門的意見時……
中小企業支援計畫嗎？規模似乎很大呢！
是的，而且一直找不到合適的顧問人選……
嗯，有一位已經辭職的人……

注：日本經濟用語，用來指擁有巨大資產（如存款）與營收的銀行集團。

我年輕時認識一位叫做嶋田的人。
？
如果是那個人，應該很適合這次的計畫…
他曾是一個前途很受看好的人才。
不過因為過度努力，太過勞心而辭職了。
！
對於來融資的中小企業老闆一一親自回應處理。
看到有困難的人，總是忍不住伸出援手，是位徹頭徹尾的好人…
那個人該不會叫做嶋田孝行？

沒錯。你還真清楚呢！是熟人嗎？你看，那裡有照片。
！
是嶋田先生！
嶋田先生，你曾是〇〇銀行的金融人員對吧？
……
沒有否定就表示真有這麼回事，對吧？
果然沒錯。我就知道你絕不是藏街於巷弄，放高利貸這種小家子器的人。
您辭去工作是因為遇到很多狗屁倒灶的事對吧？
……
不過，你具有的知識及經驗，以及洞悉人性的力量，應該在更大的事業上一展長才。

我認為您有這樣的義務。
拜託您！請接受我的請求。除了您以外沒有合適人選了。
猛力
渡部，頭抬起來。
是…是的。
他會這麼說，八成是不知道那件事吧？
我已經了解你對我有什麼樣的期待了。
……

正因如此，沒用的你才會卯足全力，試圖使用各種技巧說服我。
那麼…
但是，我並不是如你所期待的那麼傑出的人。
抱歉啦。
這麼怯懦真不像是嶋田先生。
或許吧…
嶋田先生…
渡部，今天可以談到這裡就好嗎？

好的…
抱歉啦。
不過…我會繼續等你的。
這資料我放在這裡，要是您改變心意時，請隨時跟我聯絡。
中小企業支援計畫書
啪！
好，我會考慮的。
那就先告辭了。
砰！

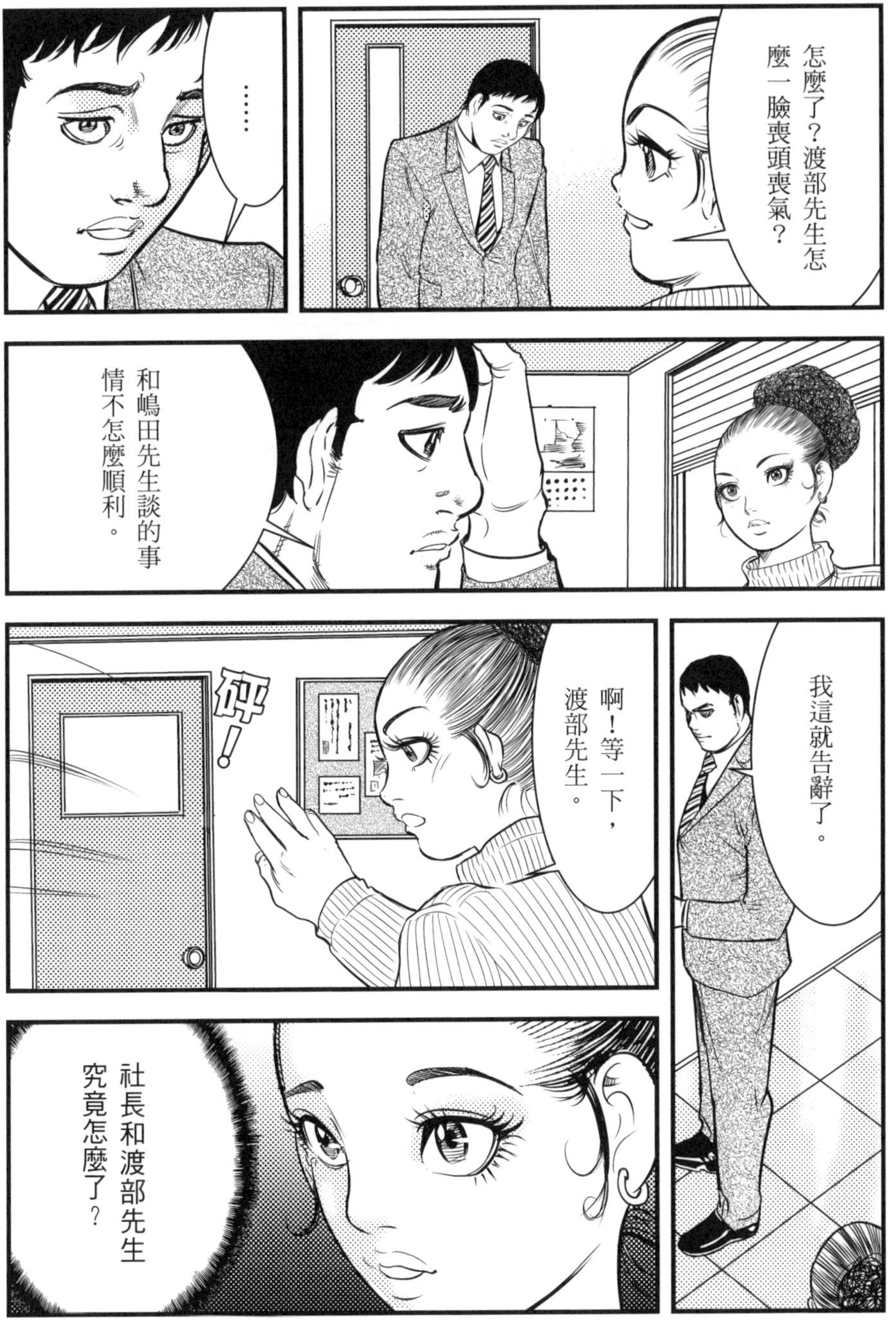
怎麼了？渡部先生怎麼一臉喪頭喪氣？
……
和嶋田先生談的事情不怎麼順利。
我這就告辭了。
啊！等一下，渡部先生。
砰！
社長和渡部先生究竟怎麼了？

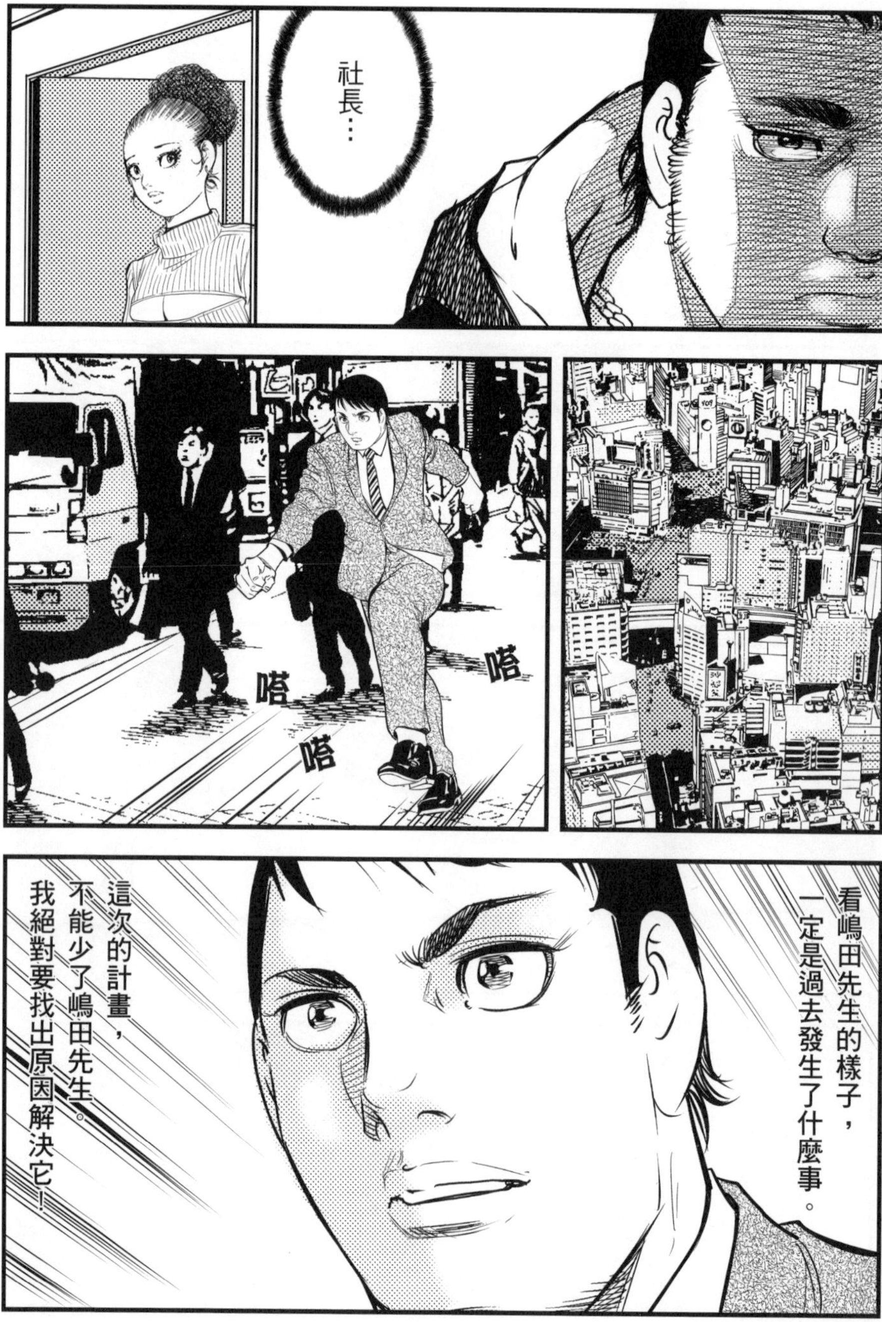
社長…
嗒
嗒
嗒
看嶋田先生的樣子，
一定是過去發生了什麼事。
這次的計畫，
不能少了嶋田先生。
我絕對要找出原因解決它！

專欄 9

只靠話術無法抓住對方的心

技巧 1

不論優劣都誠實相告

第一章介紹了有助於交涉、溝通的話術。不過，能應用在交涉的技巧還有很多。這一章除了介紹第一章沒介紹完的話術，同時也會解說除了言詞以外，如何卸除對方心防，讓對方一口答應我們要求的技巧。

先從話術開始說明。比方說，你為了買吸塵器而到販賣家電的量販店，當店員對你說明時，你認為以下哪一種說明較有說服力？

「這個吸塵器吸力強勁，排出的空氣也很潔淨，所以我推薦這個。」

「這個吸塵器雖然吸力強勁，排出的空氣也很潔淨，不過聲音可能比較大。」

只說明事物的優點時是「片面呈現」；優缺點都說明則是「雙面呈現」。這兩個吸塵器的說明，前者只說明了優點，後者則同時說明了優缺點。多數人都會認為雙面呈現的說明給人誠實而值得信賴的印象。所以下次說明時，不妨也直接告訴對方缺點相信對方會更願意將責任或業績託付給你。

技巧2 累積小小的信賴後……？

其次，要解說的是渡部對嶋田所使用的「得寸進尺法」，又稱「登門檻效應」（foot-in-the-door technique）。例如朋友跟你開口：「借我一百圓」，多數人大概都會二話不說地借給對方吧？接著對方若說：「除了一百圓，可以再給我一根菸嗎？」想必你也會不以為意地遞給他。一開始答應小小的請求後，隨之而來的請求也會不知不覺地接受。這就像伸出腳卡住打開的門縫，「只要聽我說就好！」一步一步登上台階的推銷話術，因而被稱為「登門檻效應」。

由於人們對於自己的行為或態度，都有想保持前後態度一致的「一致性原理」

（consistency principle）。因此，一開始先提出小小的要求，然後再循序漸進地讓對方接受自己真正的要求，這是一個有效的方式。

雖然一開始渡部對嶋田社長布局使用這個技巧以失敗收場。但請留意現實生活的情境，倘若你接受了他人最初的要求，想再拒絕之後的要求，勢必要多花費一些功夫。別因為微不足道，而一時大意隨便接受他人請求。

登門檻效應

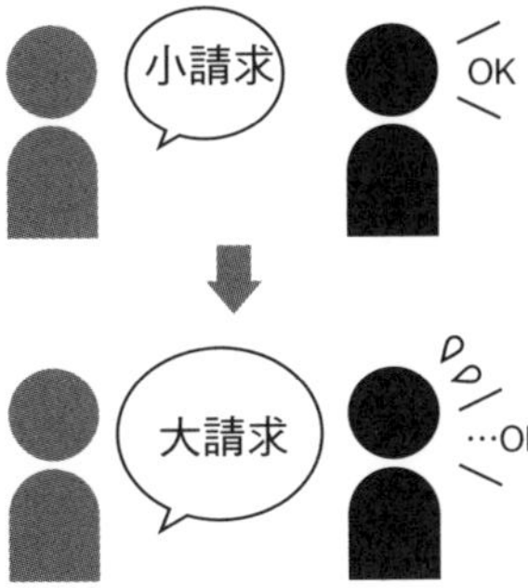

一開始先提出小的請求，等對方接受後再漸漸提出大的要求，就容易被對方接受。

技巧3 以退為進，提出重大委託來布局

其次要解說的是和「登門檻效應」原理相反，用於委託對方時運用的技巧「以退為進法」，又稱留面子效應（door-in-the-face technique）。

例如，當你想跟朋友借錢時，一開始先說「可以借我十萬圓嗎？」當然不會有人立刻爽快地答應借出這麼大的金額，被拒絕也是可想而知不是嗎？

但是，對方在這時候拒絕正是關鍵。如此一來，對方內心會產生「我拒絕他的請求」而有罪惡感。這時乘機拜託對方：「那麼，借我一萬圓也行。」對方初次已斷然拒絕你，即使百般不願，此時卻鬆口答應借錢的可能性很高。這就像故意撞到門受傷，代替賠償費用而賣商品給對方的推銷技巧的「以退為進法」。使用這個方法能使難度稍高的要求被接受的機率提高。

這是一種接受他人恩惠時會想要回報的「報答心理」。由於對方給了「讓步」的恩惠，所以覺得自己必須設法回禮，使得被要求的一方難以拒絕。

技巧4 讓步及妥協，使交涉更順利

渡部另外還使用了「Yes－If技巧」。這和「Yes－But技巧」相同，一開始先肯定對方的意見，再提出「如果……的話，如何呢？」的代替方案或折衷方法，進一步尋求妥協點的方式。例如，當自己的立場無法讓步，必須向對方提出有點不合理的條件時，「要是我站在你的立場……」表現出理解對方的態度，或許就能使對方的態度軟化。

渡部提出擔任顧問的請求雖然被嶋田拒絕了一次，但他並未冒然反駁，而是請求嶋田擔任他個人的顧問。像這樣提出彼此都能接受的結論，正是考量雙贏的關係。

如果一味強硬地堅持自己的立場，交涉永遠無法有進展。使用「Yes－If技巧」，以「如果……的話」來提出建設性的意見，是實用又有效率的方法。

Yes-If技巧

對方的主張

如果…　＋

自己的主張

接受對方的主張，以「如果……的話」提出自己的主張，來達成雙方讓步，取得共識的技巧。

技巧5
共進美食佳餚，運用香氣緩和戒心

渡部解開嶋田社長的心防而使用的「午餐技巧」及「香味的心理效果」非常獨特。

「午餐技巧」運用了個別對象產生彼此相關的錯覺之「聯結原理」。藉由享用美食的愉快和用餐交談的印象產生聯結，增加好感。「香味的心理效果」十分單純好用，人們只需在有香味的場所，就容易對他人產生良好印象。這兩者都是以簡單的方式緩和對方的戒心。對於交涉技巧缺乏自信的人，不妨嘗試看看這兩項技巧。

午餐技巧

人們從吃飯中得到的正面效果會不自覺和與人交談的感受結合，而產生好印象。

香味的心理效果

在瀰漫咖啡香氣的場所提出請求，比在無氣味的場所被接受的機率更高。

接下來如果不靠你自己的力量，就沒意義了。
你必須要有自己的意志，去開拓自己的人生。

忽略時間之流，
專心致志、渾然忘我地投入一件事。
那就是幸福。

——米哈里·契克森米哈賴（Mihaly Csikszentmihalyi）

第10章 愛情必定會影響對方

微笑金融
嶋田先生，你聽說了嗎？
啊？咦…什麼事嗎？
咦？怎麼了？你今天很反常耶。
真囉唆！快說什麼事？
就是之前我在店裡碰到小嶋小姐，她對我說：「下次一起去吃飯吧…」
當時的小嶋小姐，真是太可愛了~
那不是正好嗎？慢走不送！

咦？不會吧？很可疑喔。
平常的你八成會破口大罵：「有美國時間發春，不如快點把錢還來……」
迅速
嶋田先生該不會是為情所困……？
臭小子，你真的是欠罵！
不……不，不是這樣。
今天主要是來找你商量攸關我這一生的大事。
一說到要向小嶋小姐發動攻勢，就在那裡害羞個什麼屁！
聽好了！有些話我要先跟你說清楚！
眼睛一亮

那傢伙曾經遇到結婚詐欺而積欠大筆債務，努力地還錢，現在借款幾乎都還完了。
照理說，她根本不需要再來這裡了。
但是她仍然三天兩頭地跑來找我，你知道是為了什麼嗎？
不…不清楚。
她受到過去的牽絆，因為曾經遭到嚴重的背叛，所以仍然徬徨地尋找能接受自己的男人。
小姐，妳很無聊是嗎？一起去KTV吧！
不…不用了。
因為她長得還不錯，所以想接近她的男人也不少，但是這並無法滿足她。所以她才會來跟我這樣的痞子糾纏不休，讓自己安心。

照這個樣子下去，不管多久，她還是會在原地打轉，無法往前跨出去…
……
她現在就是這個樣子。你有決心帶給她幸福嗎？
過去我一直在逃避…因為嫌麻煩，也沒好好工作，整天就知道打小鋼珠…
如今回想起來，六年的時間都白白浪費了…
會有這種想法，是因為認識嶋田先生以後，我開始認真工作，認識了許許多多的人。
我也差不多該用自己的雙腳，走出自己的人生…
好好去工作！
歡迎光臨！
……
我借款還沒還清，工作是否能一直順利持續下去仍是未知數…

不過，我一定要靠自己的力量思考，採取行動來得到幸福…同時也希望能有人和我同行…
所以，無論如何，我都希望能帶給小嶋小姐幸福！
看樣子你真的好好想過了嘛！
是的。
那麼，差不多該幫你上課了。
什麼時候約會…？
不…哪有那麼快…
心理學上有所謂的「蔡戈尼效應」，是指人們對於完成的工作會失去興趣。
唉～我已經膩了！
去
去
你搞什麼？這麼重要的事情，你在磨蹭什麼？難得的機會你想讓它溜走嗎？
人們對於尚未完成的事項，會有更強烈的欲望。
我好想要這個！

蔡戈尼效應

完成的部分

已經不會有後續發展，因此容易覺得膩了。

尚未完成的部分

在意之後的發展，所以欲罷不能。

人們對於尚未完結的事物，比已經完結的事物，更加容易受到吸引。週刊雜誌的下回預告所利用的正是這個心理。

「一起吃個飯吧」、「一起喝個茶吧」，什麼都行。
……
你聽過「單純曝光效應」嗎？

單純曝光效應

對象
對象
對象
第1次
第2次
第3次

購物時常會選擇在廣告上看過許多次的商品，這是因為人們對於重複接觸的事物容易抱著好感。

人們對於重複接觸的人或事容易抱著好感。
下星期可以請妳再陪我嗎？
嗯。
因此，隨便什麼藉口都好。總之就是要一再碰面，對方應該不至於覺得反感…
可是，要是她拒絕了…
才剛說完那麼帥氣的發言，現在又變回窩囊廢了嗎？

互惠好感的心理

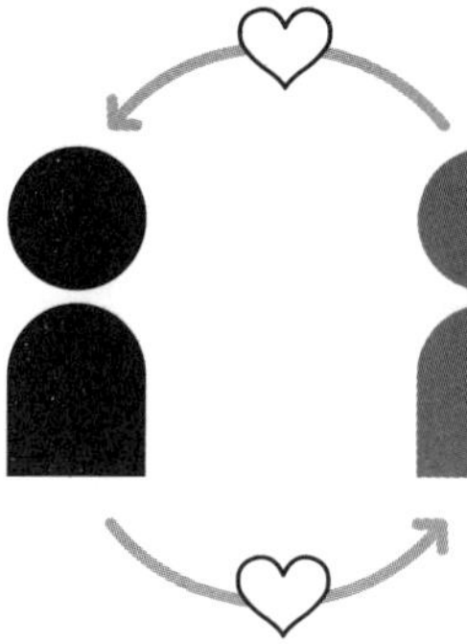

人們接受他人贈禮時，會產生一定要回報的心理；接受他人釋出的善意時，也同樣希望給予對方回饋。

聽好了，人們都有「互惠式好感」的心理，當接受了他人好意時，就會想要回報。
你總是對我這麼好，這次讓我回報一下。
謝謝妳。

就算被拒絕，只要能傳達你對小嶋的善意就沒關係。
快點發簡訊給她！
是…是的。
嗶
嗶
受不了，真會給我找麻煩…
收件人　小嶋小姐
主旨　一起用餐
小嶋小姐
妳好。
我在附近發現有家很不錯的西餐廳。
今天晚上一起去那裡吃飯好嗎？
共進一頓美味的晚餐吧！
等妳回信。
浩二。
嗶
嗶
這樣大概可以吧？

快寄出去！
是…是的。
嗶
傳送
啊！
怎麼了？
我…我不小心寄出去了！
到底是為了什麼寫那封簡訊的？有必要這麼戰戰兢兢嗎？
接下來你一個人也沒問題吧？
什麼…你要在這種時候放我自生自滅嗎？
所以我剛剛不是問過你：「有決心帶給她幸福嗎？」
接下來如果不靠你自己的力量，就沒意義了。

呃…
…真受不了！
聽好，教你最後一件事。
無論如何都要表現出「你對我而言很特別」的態度。

稀有原理

話雖這麼說，也不能把話說得太露骨。無論如何都要表現出不經意地流露出真心的感覺…
這在心理學上稱作「稀有原理」。

如同「可望不可及」這句話，人們總是渴望難以到手的東西。限量販售就是利用人類這個心理。

比方說，當你購物時，如果店員告訴你「這是給您的特別折扣」，你一定會很開心對吧？
這是給您的特別折扣…
特別價格
誰都希望受到特別的禮遇。巧妙地滿足對方這樣的欲望是保持良好關係不可或缺的。
原來如此。
鈴鈴
新訊息
啊！她回我簡訊了！
她怎麼說？
她說：「OK！我們五點在那家店碰面。」
我做到了！她說OK耶。嶋田先生～太感謝你了！
呿
你煩不煩！不是沒時間了嗎？快滾！
快走

謝謝你！真的謝謝你！
……
只要下定決心，不論哪條道路都行得通…
抱歉，妳等很久了嗎？
不會啊，我也剛到不久。
呼
呼

…然後啊，前陣子發現黑魔法儀式用的蠟燭已經沒賣了，真的很傷腦筋…
呃…原來她真的在玩黑魔法…
咦？怎麼了嗎？
啊…不，沒什麼…
對了，中山先生為什麼會去微笑金融呢？
該說是偶然嗎？因為我湊巧撿到嶋田社長的錢包。
呃，你的錢包掉了！
因為這個機緣，所以我的借款全委託他管理。
說來很丟臉，當時我一天到晚遊手好閒，現在能夠正常工作也是多虧他幫忙。
原來如此，還真像社長的作風。

我也是在跟你差不多的情況下接受社長幫忙。
嶋田先生說過的小嶋小姐痛苦回憶…
不過…
如果不是當時發生那些麻煩，我就不會認識社長，
現在回想起來反而是一件不錯的回憶。
說的也是，我也這麼覺得。
後來我就對社長動心了，
每一次都藉著惹上的麻煩去找他，希望引起他注意，但他甩都不甩我…
哈…哈哈哈…真的嗎？
重要的事，他絕對不會對我敞開內心，有時候還會露出前所未見的哀傷神情。

社長，你在聽我說嗎？
啊，這麼一說，剛剛也是…
不過，我也覺得差不多該尋找屬於我的白馬王子了。
這個角色…我可以勝任嗎？
什麼!?
我對小嶋小姐是真心的！
確實，嶋田先生很酷，像我這樣的廢柴連他腳趾頭也比不上…
但是我覺得小嶋小姐一直和嶋田社長糾纏不清也不是辦法。
等…等等，中山先生…
倏地

因為妳吃盡了苦頭，以致無法再信任別人，這時的嶋田社長對妳來說可能就像救世主。但是，其實妳已經可以憑自己的雙腳站起來了。
逼近
妳不能再依賴嶋田社長！所以請讓我成為妳生命中那個獨一無二的人。我一定會讓妳幸福！我喜歡妳，
……
啊，我太激動了。抱歉，要是讓妳覺得不愉快，請忘了那些話…
我很開心…這是第一次…有人這麼處處為我著想。
咦？
中山先生，你不會嫌棄我嗎？
是的！小嶋小姐只要做妳自己就好了！
你會一直陪在我身邊嗎？
當然！
堅定

唰
結婚登記申請書
謝謝！小女子不才，請多指教！
咦？這個？
結婚登記！
你不是說會一輩子陪著我嗎？這就是證明！
逼近
妳…身上隨時都帶著這個嗎？
這樣我們死都不會分開，而且也分不開了…
緊抱
貼住
呃…
嗚…哇…

專欄 10
如何成為無可取代的人

技巧 1
模仿對方言行，鬆懈戒心

不僅是戀愛方面，希望表達對他人的善意後，並且得到對方回應並不是件容易的事。這一章就介紹如何順利表情達意，加深和對方交情的方法。

首先介紹非常單純的技巧。想要和對方交情變好就模仿對方的動作吧！這就是利用「鏡像效應」（mirror effect），或稱為「同調效應」的心理技巧。人們對於和自己有相似動作、表情的對象會抱著好感。因此，對方雙臂抱胸時，自己也雙臂抱胸；對方支著手肘時，就跟著支著手肘，這麼一來，對方就會在不知不覺間對你開始產生好感。

這個技巧和對方的年齡、性別、頭銜等任何外在條件都沒有關係，一律適用。若是時機恰當，不妨積極運用。還不習慣時或許很難配合對方行為，不過也要注意完全模仿對方言行時，反而會使對方覺得可疑，只需適度地配合對方即可。

技巧2 沒有人會討厭「被他人喜愛」

人類是天性喜愛接受他人善意的動物。這是因為人類都具有「互惠好感」的心理，即互惠原則（reciprocity）。

美國東北大學的茱蒂斯・侯博士（Judith Hall），針對在醫院定期就診的五百三十名男女為對象，進行對主治醫師好感度的實驗。結果發現，越受醫師喜愛的患者，對主治醫師有越好感。

互惠好感的心理

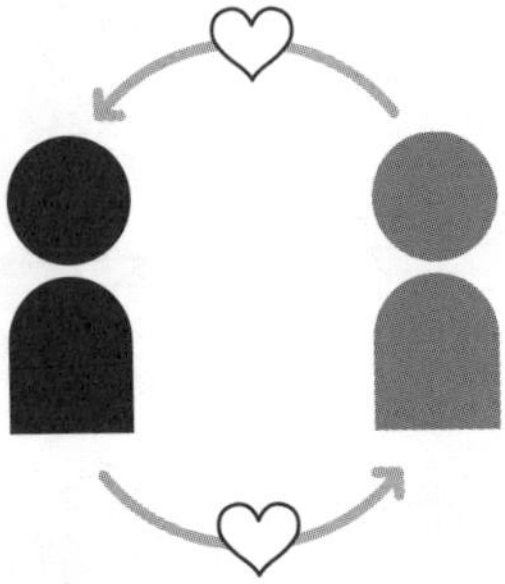

人們接受他人贈禮時，會產生一定要回報的心理，接受他人釋出的善意時，也同樣希望給予對方回饋。

符合實驗假設，顯現出人們具有「對於那些對自己釋出好感的人，也同樣會對他們產生好感」的傾向。

第九章的專欄曾解說了「報答心理」，這個心理效應在相互釋出「善意」時也會發生。當接受他人善意時，報答心理的定律就會發生作用，覺得不回報不行而抱著好感。

因此，那些有著「雖然想要向對方表達好感，但是害怕被討厭所以裹足不前」想法的人，請牢牢記住這個原理，要有自信，只要努力表達好感，你的心意一定能確實傳達給對方。

技巧3　巧妙運用「欲擒故縱」

人類本性對於無法到手、可望不可及的東西，特別容易被吸引。數十年只能看到一次的流星雨來臨的夜晚，任誰都會想一覽星空；從國外引進的貴重藝術作品舉辦難得一見的展覽會時，人群就會連續多日擁入爭相參觀。

訴求這種人類心理的技巧是「稀有原理」（scarcity principle）。這就像「限量品」、「限時特賣」，暗示消費者這是難得遇到的機會，人們就會自動認定該物品有較高的價值，無法輕易忽視。

這也可以運用在人際關係上，若是有心儀的對象，可以效仿中山先生向小嶋小姐的告白，表現出「你對我而言是特別的存在」。這麼一來，對方也容易對你抱著特別的感覺，認為終於出現了「得來不易的知心人」，而對你有好感。人都有想被特別對待的欲望，若是希望拉近彼此的距離，就努力成為能夠滿足對方這個想法的人吧！

稀有原理

如同「可望不可及」這句話，人們總是渴望難以到手的東西。限量販售就是利用人類這個心理。

技巧4 保持適當距離，反而能提高對方的好感

希望對方接受自己的想法或主張時，有人可能以為採取緊迫盯人，牢牢黏住對方是最好的方法。但是從對方的角度來看，當你表現得太過直接，反而容易被認為你是個「頑固地自說自話、脅迫而麻煩的人」時，你也不能有怨言。

「單純曝光效應」（Mere-exposure effect）心理作用廣為人知，人們對於數次頻繁接觸的事物，比單一次長時間接觸，更容易具有好感。換句話說，與其糾纏不休地說服對方，不如增加與對方碰面的次數，即使對方還不能接納也交談幾句，更有效果。

當然，這也是像嶋田社長對中山先生說明的人際關係般，對於希望更拉近距離的對

單純曝光效應

購物時常會選擇在廣告上看過許多次的商品，這是因為人們對於重複接觸的事物容易抱著好感。

象，不需要一開始就卯盡全力去接近，而是頻繁地增加碰面次數，逐漸深入交往才是更聰明的做法。

技巧5 留下意猶未盡的感覺

剛剛說明過「想拉近兩人的距離，就反復地碰面」。不過，可能也有人沒有自信或勇氣提出下一次的約會吧？容易產生這種想法的人不妨試著運用「蔡戈尼效應」（Zeigarnik effect）。

嶋田社長以週刊漫畫及廣告為例說明，人們對於已完成的事物會失去興趣；對尚未有結果的事物，則容易產生意猶未盡的渴望。

若是能夠善加運用，在碰面時稍

蔡戈尼效應

完成的部分
↓
已經不會有後續發展，因此容易覺得膩了。

尚未完成的部分
↓
在意之後的發展，所以欲罷不能。

人們對於尚未完結的事物，比已經完結的事物，更加容易受到吸引。週刊雜誌的下回預告所利用的正是這個心理。

微提一下對方感興趣的話題，但不急著說關鍵的重點，在兩人分開時留下這種「未完成」的感覺，製造出下次碰面的機會與期待，「我想繼續談談上次提到的那件事」，正是個很好的理由與開頭。

順帶一提，也可以採用以下方式來靈活運用。比方說，在交談過程對方沒有清楚回答，試著問對方「你的意思是？」這麼一來，對方擔心「若是不回答就無法結束對話」，因此只好表明自己的想法。這也是很有效的心理技巧，不妨牢牢記住。

所謂的愛，其實是非常不穩定的情感。
而且是日積月累形成的。

——伊麗莎白．巴丹德（Élisabeth Badinter）

第 11 章
比對手搶先一步
輕而易舉
尾崎家之墓

尾崎家之墓
！
你怎麼知道這個地方？
啊！

剛剛去了辦公室，尾崎小姐說你出去了，還說「每個月十八日應該都是來這裡」。
看樣子你全都知道得一清二楚了？
不…並非全部…
是嗎？好吧，我跟你說個明白。就如你之前說的，我以前曾在○○銀行上班。
果然沒錯…
雖然由我來說有些不恰當…
四菱銀行
我曾是個年紀輕輕就被任命為分行副行長的精英。
說實在，嶋田副行長總是這麼酷！

他雖然還很年輕，卻總是不亢不卑，給人不愧是精英的感覺。
前陣子開會時，他也對分行長說…
我基本上也贊成，只不過有一點…
毫無遲疑
他總是不卑不亢地表達自己的意見，真令人仰慕！
啊…呃
這傢伙真是有夠幸運！竟然連對比效應都不知道。

第一次看到的物品，當再次看到時發現有差異，感受會比實際上的差異強烈。
A
和上次看到時好像很不一樣。之前是這樣嗎？
A

對比效應

輕
重

先搬運重物B再搬運較輕的物品B，會覺得物品B比實際重量更輕。人們對於不同背景所接收的同一刺激，感覺差異比「實際差異」更大。

因此在會議的場合，整合他人的意見，否定部分的意見，不論多細微的意見，只要乍看之下還算像樣，就會給予超過實際的評價。
事實上，我們這位分行長，根本是個無能的二百五，應該再盯緊一點才對…
副行長
咔嗒
咔嗒
？
分行長找你。
知道了，我立刻過去。
分行行長室
分行長，你找我嗎？
欸～嶋田君～你終於來了呀！

目標グ
是這樣的，這個月的業績照這個樣子下去恐怕沒辦法達到目標額…你能不能想想辦法？
嗯~要是你不多出點力讓數字好看一點，可就傷腦筋了…
手臂抱胸
我從很久以前就想問您一件事。
分行長是不是習慣在說話時，加上「欸」「嗯」這些字眼？
……
說真的，這令人很不愉快，我認為最好改掉這個毛病。
什…什麼？
你這個臭小子！我才是老早就想告訴你了耶！
你是不是根本就目無尊長啊！
呵，我對於善盡職責的主管會給予最大的敬意。
你的意思是我沒盡到職責嗎？

隨便你愛怎麼解釋都行。其實說起來…
你所揭示的營業額目標，原本就是你信口說說，強迫行員做到，根本沒有任何約束力。
胡亂地強迫行員達到責任額，究竟有什麼意義？
你…你說什麼？

當然不是設定目標這件事沒意義。
冒昧請教分行長，您知道阿特金森的期望價值理論嗎？
沒聽過…？

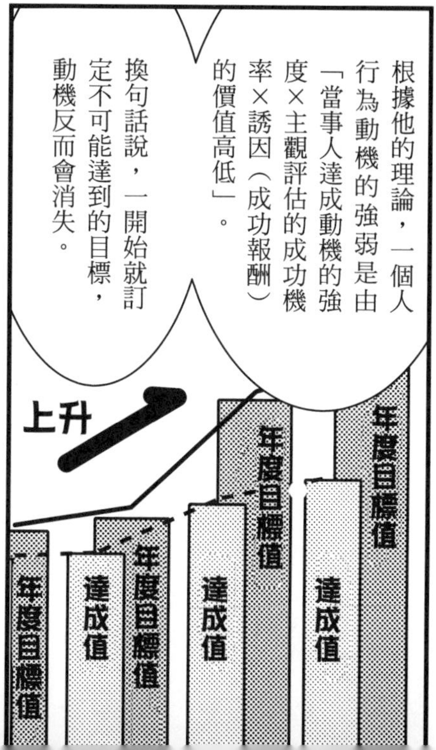
根據他的理論，一個人行為動機的強弱是由「當事人達成動機的強度×主觀評估的成功機率×誘因（成功報酬）的價值高低」。
換句話說，一開始就訂定不可能達到的目標，動機反而會消失。
上升
年度目標值
達成值
年度目標值
達成值
年度目標值
達成值
年度目標值

期望價值理論

動機強度

×

主觀評估的成功機率

×

達成報酬的價值高低

=

幹勁的程度

美國心理學家阿特金森認為幹勁的程度取決於「達成動機×誘因×達成的期望值」。

這種事只要有毅力一定可以做到吧！
真是的！事到如今還說出這種不合理的話…真是太令人失望了。
呃呃…
我得先去忙手邊要做的事了，下次請你確實拿出數據再跟我談。
光靠動作就令對方感到不愉快，毫不費力。

而且，果然一被我指出他說話時那個煩人的毛病，立刻手足無措。
您的這個毛病改一改比較好。
欸～
嗯～
隨心所欲地控制人心，就像打個哈欠般地輕而易舉。

非語言溝通

雙臂環抱　用手指人

眼睛或嘴巴緊閉　以筆發出聲響

使用動作等語言以外的方式來傳達意思，這幾個動作都很容易給他人脅迫感或造成不快，必須注意。

蹬
蹬
蹬
!?

糾正習慣的心理效果

糾正習慣
將無意識的毛病變得可視化

人們有很多習慣通常是無意識做出來的，當被別人指出時，就像攤在陽光下變得明顯可見，具有讓對方感覺異樣的效果。

喂！你不是嶋田嗎？
？
啊…我還在想是誰叫住我呢！原來是尾崎學長！好久不見！
我們幾年沒見了？你看起來挺不錯嘛！
怎麼樣？要不要去喝兩杯？
好。
他是以前大學的尾崎學長，性格敦厚，大家都喜歡他。像我這種對學長態度沒大沒小的人，他竟然也願意跟我稱兄道弟。畢業後，我們幾乎沒聯絡了。

什麼？原來學長繼承了令尊的家業啊。
…那麼，你進了原先就想去的○○銀行？
我現在擔任的職務是分行的副行長。
真有你的！你和我不同，完全是朝向目標勇往直前的精英呢！
別那麼誇我…
原來你是○○銀行的副行長啊…
咦？怎麼了嗎？學長。
嗯，這麼多年了突然有緣碰到你，想跟你說件事。
……

說來很難為情。我們公司…現在資金很吃緊…直到剛剛我都還在為籌措資金奔走，但不太順利。
……
沒想到正好碰到你…
嶋田，你們銀行有沒有辦法融資給我呢？
咯嗒
因為沒有先看過你們的財務狀況，我也沒辦法一口就答應…
倏地
你看這個…
這是我女兒，很可愛吧？
她今年才剛進入私立中學，
如果公司經營不善，我就慘了…你了解吧？
……
我也不是說絕對不行。雖然很困難，但我一定盡力而為。

謝謝你！果然朋友比什麼都重要。來，多喝點，今天我請客！
後來我依照程序勉強融資給尾崎學長。或許我只是沉浸在賣人情給學長的優越感，但學長真的很開心。
沒想到…
幾個月後
副行長，分行長找你。
喔，好的。
真是的…一遇到雞毛蒜皮的事，就要碎唸個不停…
哎呀！你在忙真是不好意思耶。嶋田君~

是這樣的，我想跟你談一下你之前交上來的融資案。
……？
欸～嗯～我又重新看了一下這些報告…
照這個財務狀況看來，不可能償還吧？我看還是應該要緊縮貸款才對吧？
啪啪啪啪
！
等等，事到如今才要抽銀根，這麼一來，這家公司…
嗯～怎麼啦？我照你說的「拿出數據再說」，你有什麼意見嗎？
啊…！
我也不是那麼壞，好好拜託的話，我也會想想辦法的。
你說，有事拜託別人時該用什麼態度呀？

跪倒
拜…拜託您了！請繼續貸款給他們…
你好像總算了解對上面的人該用什麼態度了？
那麼，融資一事…
我考慮過了，這個融資案怎麼想都不可能核准吧？
就是這麼回事，你去跟對方說明。
丟
怎…怎麼這樣？這跟剛剛說的根本不一樣！
怎麼了？現在是部下要反抗上司嗎？

你要是繼續用這種態度，我就跟總行報告！
那麼，麻煩你了～
恩…
我並不是小看分行長，而是小看「掌控金錢」這回事。我沉醉在以為能利用身在銀行的權力挽救學長，我根本沒有覺悟整件事的嚴重性。
小料理 しのぶ
真的很抱歉，沒想到事情會變成這樣…
沒關係，是我太強人所難。
我不能再麻煩你，我會自己設法把錢準備好。
真的很抱歉…沒幫上你的忙…
就跟你說沒關係了，我會想辦法的。

後來我才聽說，當時學長的公司業績急遽惡化。
怎麼這樣？突然說交易要縮減。
拜託你了。
他已經沒退路了…但是，他沒再找我商量，或許他認為我不是可以拜託的對象，但我真希望他可以找我幫忙。
後來，一個消息傳來改變了我的人生。
叮鈴鈴
來電
喂，您好…
嶋田，尾崎學長的事，你聽說了嗎？
什麼事？怎麼了嗎？
聽說學長一家自殺了…
通話中
砰！
!!
真慘啊…

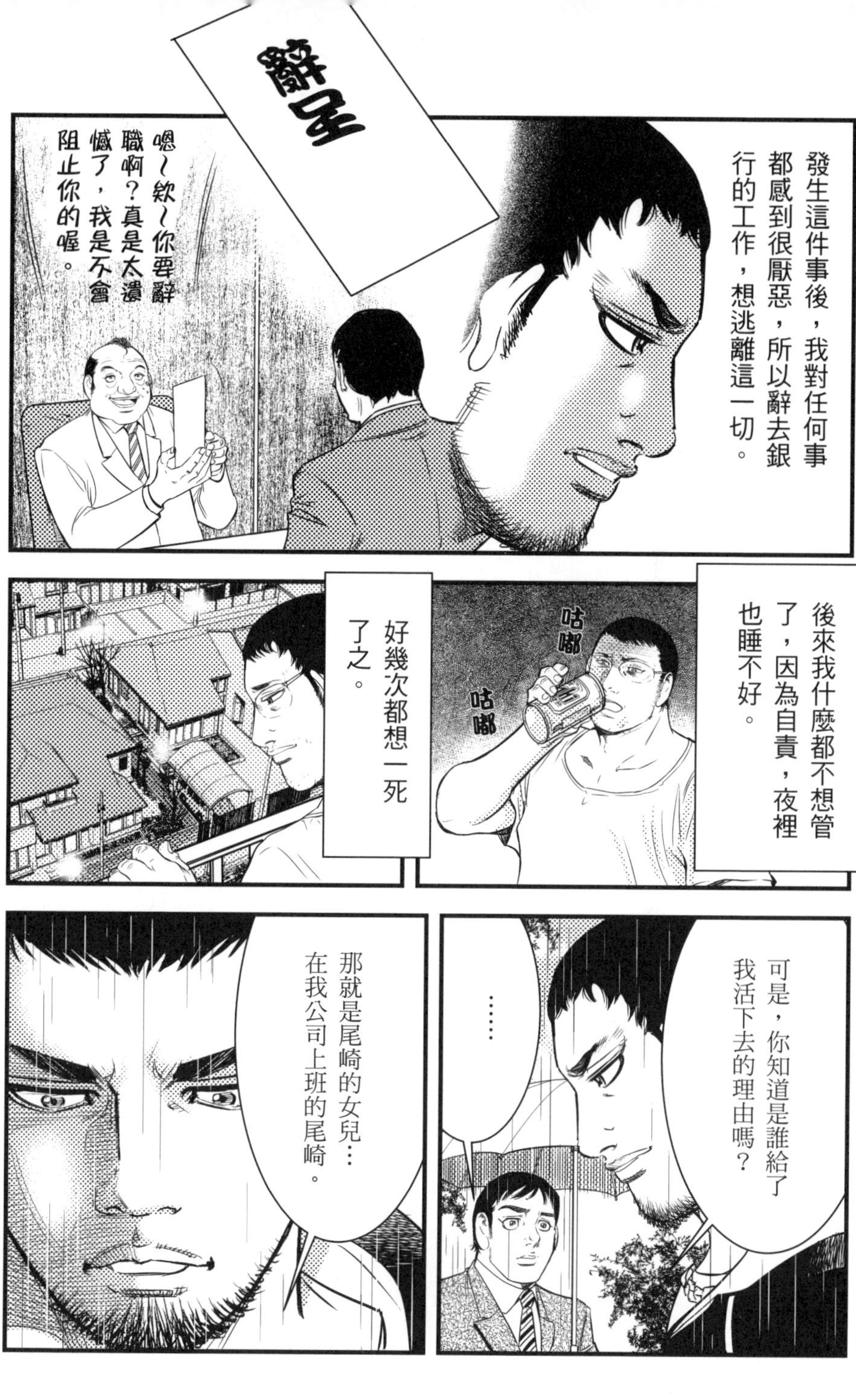
發生這件事後，我對任何事都感到很厭惡，所以辭去銀行的工作，想逃離這一切。
辭呈
嗯～欸～你要辭職啊？真是太遺憾了，我是不會阻止你的喔。
後來我什麼都不想管了，因為自責，夜裡也睡不好。
咕嘟
咕嘟
好幾次都想一死了之。
可是，你知道是誰給了我活下去的理由嗎？
……
那就是尾崎的女兒…在我公司上班的尾崎。

我因為內心的愧疚，所以害怕去參加尾崎的葬禮…
但我想至少去他墳前上個香，所以來到這裡。
結果我碰到她了。當時她看起來並不像現在這麼開朗。
尾崎家
呸
都是你害我落到現在這個下場…
!!
竟然自私地死了，你這個戰場逃兵…
根本就是一臉死神的表情。
不過，正因為看到她這個樣子，讓我下定決心。

我決定運用所有的本職技能，要讓她幸福。
尾崎
因此我不能忌憚任何犧牲，我認為那就是我的義務。
因此我開始頻繁去安置尾崎的孤兒院關心她。
白鳥養護
把你心裡想的事都寫在這本筆記本上。
拋下
我運用擅長的心理學知識，努力治好她的心病。
同時也要她接受專業心理醫師治療。
把現在的心情畫下來吧！
這段期間我透過各種管道蒐集資金。
請借我錢！
我會加倍，不，還你三倍。
我一定會以實質利益報答你。

這份工作並不是以銀行為交易對象，而是向個別債務人回收借款，因此以往慣用的態度及做法行不通。
死了我都會把錢討回來！
哇…對不起！
緊抓
向對方討債需要讓對方害怕，這就是造成今天這個局面的原因。
我對你們的指導，其實只是多少想贖點罪罷了。
……
現在尾崎變得很開朗，我的心理負擔稍微減輕了。
尾崎家之
但這是一輩子都不能被原諒的罪過。

嶋田先生，你聽我說⋯
我不過是個小人物，所以像你這樣背負著龐大責任的人，我真的不了解你的心情。
⋯⋯
嘩啦
尾崎家之
不過，正因為這樣，你不是應當站在更大的舞台，進行你的「贖罪」嗎？
！
您不應該被過去所困，應該迎向未來，「幫助別人」！
逼近

尾崎小姐之前曾說過，她的夢想，是未來成為像社長這樣能夠幫助有困擾的人。
我希望能像社長一樣幫助別人。
她早就原諒你，已經在計畫著自己的未來！
……
正因為如此，所以您也應該邁出下一步，以現在的力量在社會上大展身手！
緊握
…真是的。竟然輪到你來告訴我人生的道理，我也真是不中用了…
能夠操控別人的心，但自己的心卻怎麼也束手無策呢！渡部。
明天有計畫案的會議！我一早就到公司接您，我不會放棄的！
嘩—啦
啵
啵

專欄 11

一個動作，就能動搖對方的氣勢與決心

技巧1 避開視線的心理戰

人和人聚在一起，就自然會產生上下尊卑以及競爭關係。相信沒人不想知道如何從中占上優勢、和別人拉出差距，了解有利於競爭的方法，以下就要說明幾項這方面的技巧。

首先要介紹的是「視線的心理效果」。比方說遇到重要的商務談判，在會議室和對手公司的人面對面的場合，原本彼此都注視著對方，若是雙方認真地協商途中，對方突然垂下視線，你會有什麼想法呢？多數的人想必會開始感到不安，不禁猜想：「是不是他有什麼不滿呢？」

當雙方目光相對地看著彼此時，從心理學來說，就像「實力相當，處於拉鋸的拔河賽」，雙方處於相互對等的狀況，但是，萬一對方突然鬆手，就會使你一屁股跌坐在地上；同理，當人目光倏然垂下，也會在心理上造成失衡。因此，突然避開目光時，會令另一方焦慮而處於被動狀況。記住，只是轉移視線就能輕易讓自己占上風。

技巧2 指出對方的習慣，打亂他的節奏

再說明一個輕易擾亂對方陣勢的技巧，那就是嶋田示範過的「指出對方的習慣或口頭禪」。

人們許多習慣通常是下意識做出來的，因此當自己的習慣被對方指出來時，如同平時的言行被攤在陽光下，會令人更加在意，這個稱為「糾正習慣的心理效果」。

多數人下意識做出的習慣，都有「採取固定動作讓心情平靜下來」的效果。一旦開始在意、想克制這些小動作，反而更無法讓心情平靜下來。這麼一來，對方的氣勢將因此受影響而容易瓦解。

另一方面，也可以反過來運用這個效果來導正自己的毛病。試著刻意去注意自己的小動作或口頭禪，自我反省「平時自己竟然會不自覺做這些可恥的行為嗎？」往後就能更加注意自己的言行舉止。

糾正習慣的心理效果

人們有很多習慣通常是下意識做出來的，當被別人指出時，就像攤在陽光下變得明顯可見，具有讓對方感覺異樣的效果。

技巧3 不用言語，也能令人知難而退

在嶋田先生實踐的技巧中有個效果很強的運用，就是「非語言溝通」。第二章的麥拉賓法則中也說明過，人與人溝通時，很多時候是運用言語以外的要素傳達給對方。所謂「非語言溝通」，即是語言以外所有溝通方式的總稱。

嶋田雙臂抱胸地聽著分行長說話，雙臂抱胸就是以手臂和對方製造距離，透露拒絕對方的訊號，後來嶋田又對分行長拋出一些指責的言語，實際上他是從一開始就以非語言的方式清楚地表達拒絕。

另外，例如緊閉雙眼嘴巴、把玩手上的筆發出聲響，或是刻意扭轉身體方向不正對著對方等，都是做出拒絕對方的訊號。若是對方做出這些舉動，應該是他開始覺得不愉快，不妨先讓談話告一段落，查清楚對方有什麼不滿。確實了解對方所發出的言語以外的訊號，應該更能加深彼此間的信賴感。

非語言溝通

雙臂環抱
用手指人
眼睛或嘴巴緊閉
以筆發出聲響

使用動作等語文以外的方式來傳達意思，這幾個動作都很容易給他人脅迫感或造成不快，必須注意。

技巧 4

趁虛而入，製造獨特性

　想要成為在他人眼中能夠提出獨創而有特色主張，而不是人云亦云的人，可以運用「對比效應」（contrast effect）。漫畫中嶋田也嘗試過的，先接受在會議中之前發言者提出的意見，「基本上我同意多數的看法，只有一點……」，以這樣的方式多添加一項個人的意見。其實只是慢一點出拳，但聽起來卻似乎有模有樣。

　人們在觀看其他事物後，比較先前相似情境的經驗或刺激，實際上可能沒有很大的差異，但有時卻會產生「落差很大」的錯覺。這就是「對比效應」。

　以運用在汽車銷售的例子示範。不論在多麼便宜的中古車行，汽車都屬於

對比效應

先搬運重物A再搬運較輕的物品B，會覺得物品B比實際重量更輕。人們對於不同背景所接收的同一刺激，感覺差異比「實際差異」更大。

高價的物品。在買了這麼高價的東西以後，若是業務詢問：「要不要搭配個汽車導航？」，推薦大約十萬圓左右的物品，這時消費者剛支出高額費用，相對覺得這個金額很便宜，很多人會因此不假思索地加購商品。

技巧5 適度的目標才能激發出幹勁

是不是有些人最大的問題不是勝過他人，而是個人內在的幹勁或動力不足呢？

根據嶋田為分行長說明的阿特金森（John Atkinson）「期望價值理論」（Expectancy-value theory）來看，人們的動機強弱，取決於「當事人達成動機的強度×主觀評估的成功機率×誘因（成功報酬）的價值高低」。

為了證實這項理論，心理學家曾經以小學生為對象進行套圈圈實驗。首先讓孩子們由不同的距離進行套圈圈，並詢問每個人主觀認定各個不同距離可能的成功率。接著要孩子們自由選擇不同的距離套圈圈，選擇站在最近及最遠的距離的孩子，人數都相當少。以團體分組進行實驗，也是得到相同的結果。

換句話說，人們通常不是選擇確實會成功或失敗的目標，而是「似乎可實現的目標」最令人有幹勁。不妨參考這個理論，為自己或是組織夥伴訂出適度的目標吧。

期望價值理論

動機強度

×

主觀的成功達成機率

×

達成報酬的高低

＝

幹勁的程度

美國心理學家阿特金森認為幹勁的程度取決於「達成動機×誘因×達成的期望值」。

戰勝不安、相信自我的才能、
遵從你的熱情。

——亞倫．唐斯（Alan Downs）

第 12 章 不要錯過身體傳達的訊號

門開
啊…早安
嶋田先生！你終於下定決心了嗎？
你要是再晚個五分鐘，我就不去了。
嘻嘻…竟然會害臊，真不像社長。
這次是我說服他的。
謝…謝妳。尾崎小姐。

昨天看到社長掃完墓回來，神情一臉哀傷…
門開
您回來了。
喔。
社長，你不問我為什麼告訴渡部先生你的行蹤嗎？
……
你總是默默地一個人扛起責任，到底算什麼？
我完全贊成渡部的想法。
社長不應該待在這種小公司，應該在更大的舞台發揮你的才能！
微笑金融

如果是因為我而持續今天的狀況，我無法忍耐。我已經可以靠自己的力量走下去了，所以…
哼
社長…
沒想到連妳都要對我說教。
剛認識渡部時，他還是個連自己闖禍都無法收拾的毛頭小子。
我已經不行了。
但他現在也相當出色。
試圖用我沒教他的技巧來說服我，可見人真的會成長。
要不要先看我們的會議後再決定？
甚至於…
您不應該被過去所困，應該迎向未來，「幫助別人」！

那小子的一句「不應該被過去所困」，發揮了效果。
尾崎，或許我一直以照顧妳、守護妳的成長為藉口，停止了自己的成長。
……
或許這也是一種依賴的病根。
社長……我……
也對。若是妳迎著未來往前進，我也不能一直在這裡原地踏步。
幫我把西裝準備好。明天渡部來時，我也得穿著合適的服裝才行。
是的！

渡部先生，社長就拜託你了。
這個人總是喜歡照顧別人，自己的事卻全然不管。
放心，交給我處理。
少得意忘形！
好痛！真是不坦率的人！
那麼，我們過去了。
喔。
路上小心。

各位好，今天
要向各位介紹
這位顧問。
嶋田孝行先生。
承蒙介紹，
我是嶋田。
有件事我想先說清
楚。我經營的是個人
的借貸，並不像在座
各位有傲人的頭銜。
騷動
騷動
竊竊私語

各位可能因為我剛剛說的那句話而覺得很詭異，這是很自然的反應。
蹬
蹬
……
但是，別看我現在這樣子，過去我也曾在○○銀行服務，只是因為個人因素而離職。
倏地
雖然這句話不應該由我來說，但我曾以最年輕的資歷擔任分行副行長，以身為一介金融人員自豪。
喔喔喔
笑
如何?經過這一席話，是不是對我的看法多少改觀了?

月暈效應

頭銜
技術
學歷
個性
容貌

其實只看到某個人局部優秀的一面，而產生整體印象都很優秀的錯覺。

這也是人性基本的反應。

心理學有種說法，稱為「月暈效應」。

人們對於某個人或某件事的一個特徵，抱持良好印象時，通常也會對其他不相關的部分抱著肯定的評價。

現在…
我現在是以自己為例來說明，其實很多時候人心很脆弱，就像剛才這樣因為成見或偏見而輕易動搖。

我以前也缺乏面對自身弱點的覺悟，因為沒能挽救經營公司的朋友，一直處在懊悔的情緒當中。
很抱歉。沒幫上你的忙。
曾經一度捨棄了自己的人生。
但是，人並不是這麼脆弱，人類也是能夠接納脆弱，往前邁進的動物。
這次受邀擔任企劃案的顧問時，
我原本沒有接受這個重責大任的自信。
但是，如果能以我有限的知識及經驗，協助迷惘受苦的經營者，
根本沒有什麼好猶豫的。
握拳

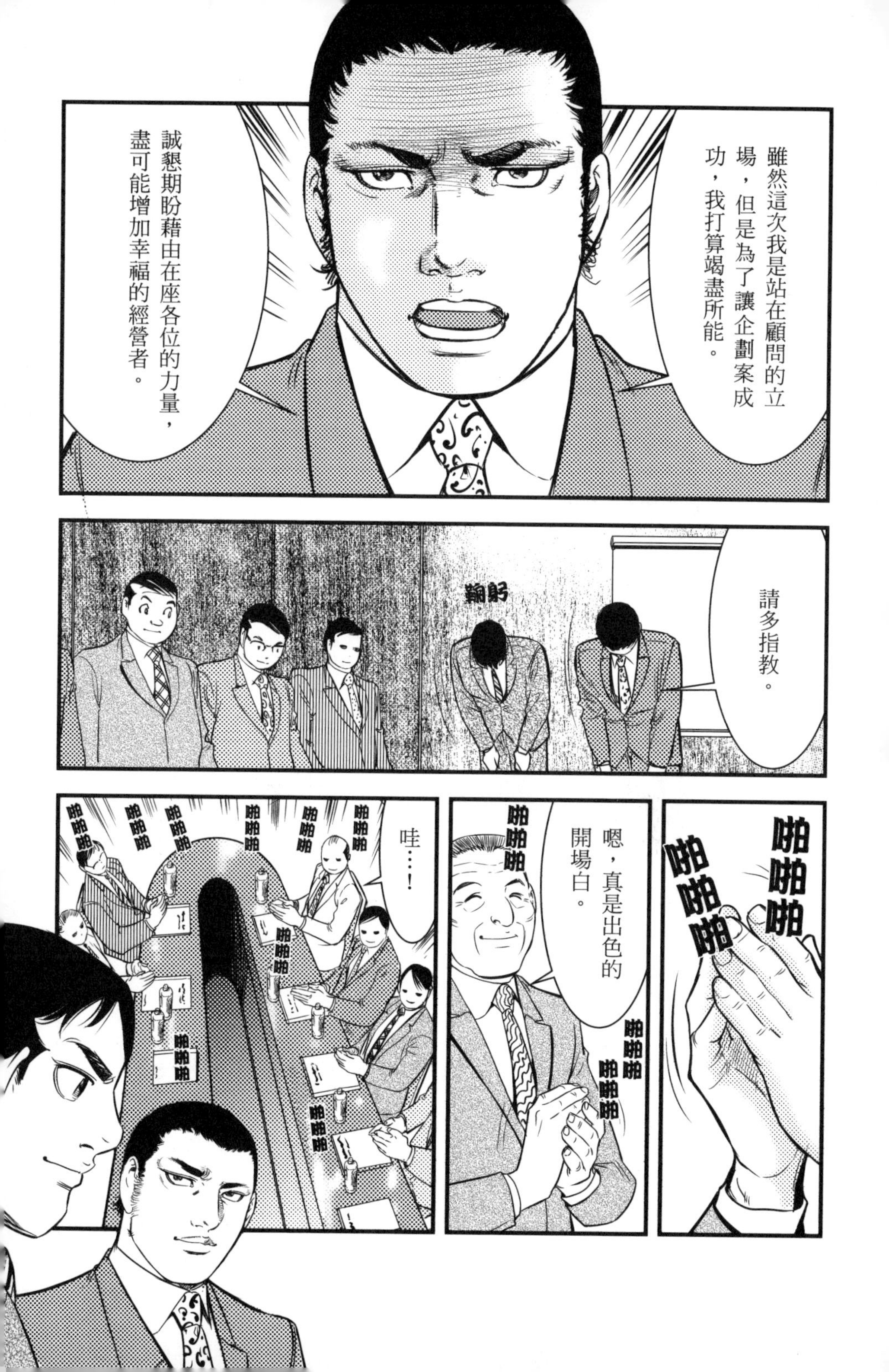
雖然這次我是站在顧問的立場，但是為了讓企劃案成功，我打算竭盡所能。
誠懇期盼藉由在座各位的力量，盡可能增加幸福的經營者。
請多指教。
鞠躬
啪啪啪
啪啪啪
嗯，真是出色的開場白。
啪啪啪
啪啪啪
啪啪啪
哇…！
啪啪啪
啪啪啪
啪啪啪
啪啪啪
啪啪啪
啪啪啪
啪啪啪
啪啪啪
啪啪啪

幾年後
呼
嶋田先生
什麼事？
剛剛社長似乎對於我們提出的建議案很滿意，真是太好了。
渡部…那個人…敲了自己的頭對吧？
記好了，那個行為叫做「自我親密行為」。

自我親密行為

撫摸頭或頭髮
撫摸頸項
雙臂交疊

人們處於壓力時，常會碰觸身邊的人或自己的身體，讓自己平靜下來。

當人們處於壓力時，會下意識地碰觸自己的身體求得安心感。
……

而且從人碰觸的部位，不僅可以了解當下心理狀態，也能洞悉某個程度的性格。

輕撫頭或臉，是希望得到溫柔對待，希望得到慰藉的信號。
摸
摸
摸
叩
叩
捏
相反的，若是敲擊頭部，則是希望得到鼓勵。

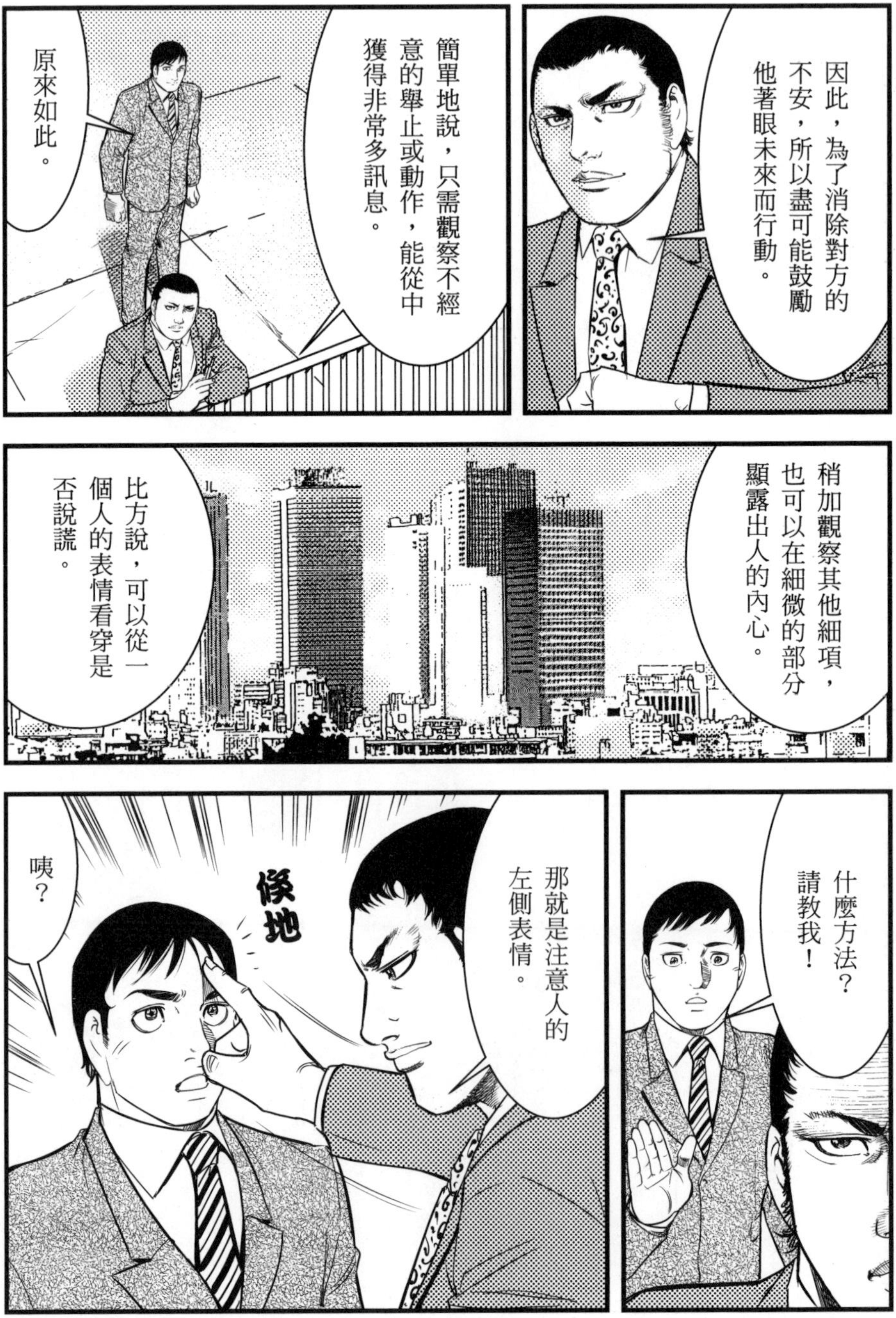
因此，為了消除對方的不安，所以盡可能鼓勵他著眼未來而行動。
簡單地說，只需觀察不經意的舉止或動作，能從中獲得非常多訊息。
原來如此。
稍加觀察其他細項，也可以在細微的部分顯露出人的內心。
比方說，可以從一個人的表情看穿是否說謊。
什麼方法？請教我！
那就是注意人的左側表情。
倏地
咦？

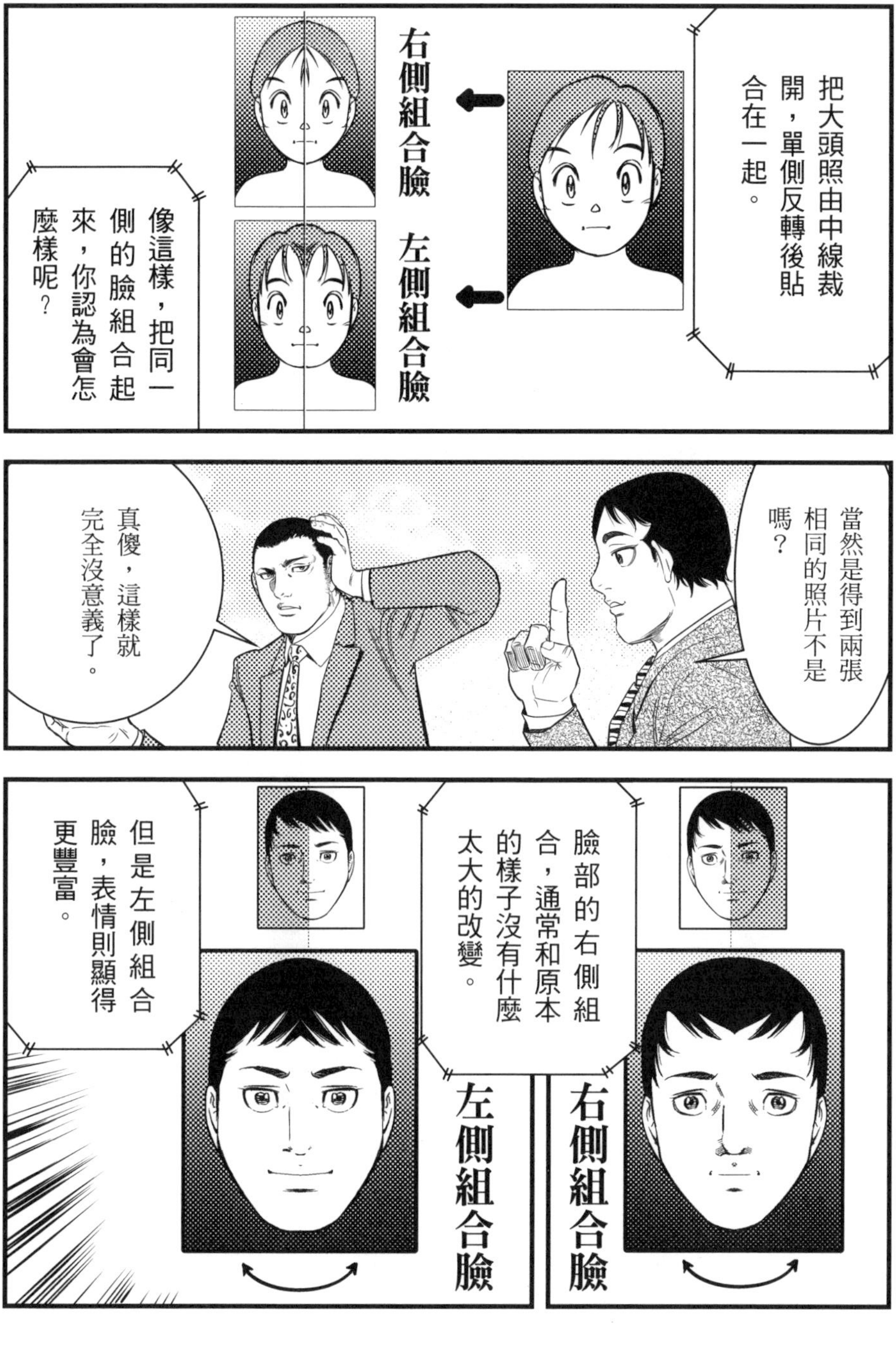
把大頭照由中線裁開，單側反轉後貼合在一起。
右側組合臉
左側組合臉
像這樣，把同一側的臉組合起來，你認為會怎麼樣呢？
當然是得到兩張相同的照片不是嗎？
真傻，這樣就完全沒意義了。
臉部的右側組合，通常和原本的樣子沒有什麼太大的改變。
右側組合臉
左側組合臉
但是左側組合臉，表情則顯得更豐富。

若是問為什麼，這是因為自然的情緒會不自覺地流露出來，原本是該左右對稱的。
但是人類的表情顯露在外的，是由右腦控制。
右腦
刻意做出的感情會強烈地流露在左側臉。

因此，當認為對方在說謊或是掩飾感情時，只要盯住左臉就可以了。
指
只要感覺不自然，就是對方刻意掩飾的證據。

不愧是嶋田先生，我又上了一課。
你還要更努力學習啊。

左右表情的差異

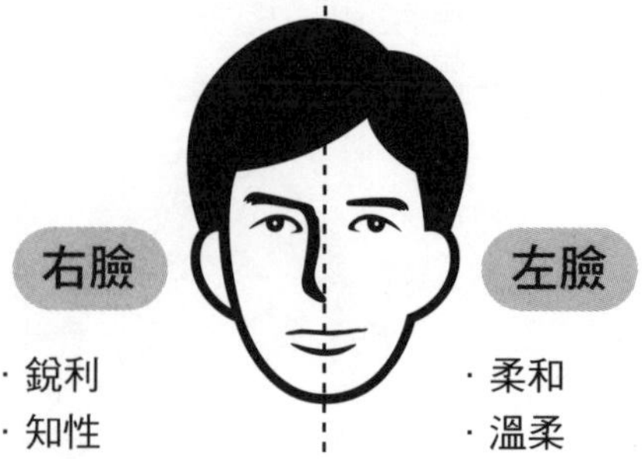

右臉
· 銳利
· 知性
左臉
· 柔和
· 溫柔

人臉並非左右對稱，右側和左側肌肉的鬆緊弛緩有所不同，因而左右表情會產生微妙差異。

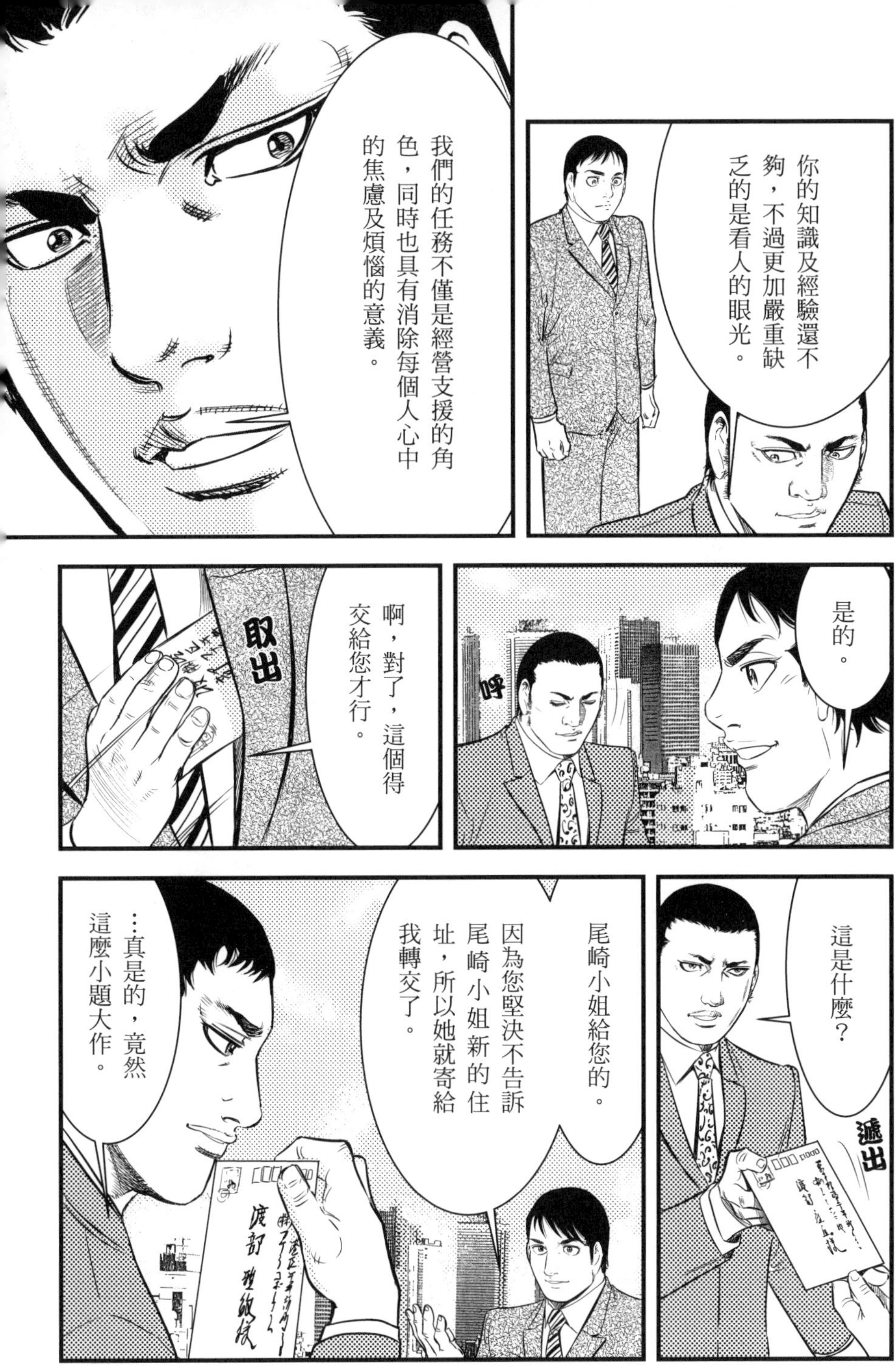
你的知識及經驗還不夠，不過更加嚴重缺乏的是看人的眼光。
我們的任務不僅是經營支援的角色，同時也具有消除每個人心中的焦慮及煩惱的意義。
是的。
呼
啊，對了，這個得交給您才行。
取出
這是什麼？
遞出
尾崎小姐給您的。
因為您堅決不告訴尾崎小姐新的住址，所以她就寄給我轉交了。
…真是的，竟然這麼小題大作。

您現在是違心之論，嶋田先生，您的左臉微妙地露出笑容喔。
什…什麼？
開玩笑的，我先過去。三十分鐘後，下午的會議請別遲到喔。
…真是的。煩人的傢伙。
抽出
這什麼？還真像那兩個笨蛋情侶會做的事。
社長
好久不見。
您一切都還好嗎？
中山先生和小嶋小姐
參加他們的婚禮
根期待與您見面
突然要出差
非常失望
兩人非常
令人羨慕

新的工作怎麼樣呢？要是太過拼命，對健康不好，請務必保重。
萬一您生病了，我可以立刻去照顧你。
我漸漸習慣大學的生活，
也交了很多朋友。
我說想運用心理學在工作上，因此想以高中同等學歷上大學，謝謝你幫助任性的我一臂之力。
心理學理論
Psychology
對您的感謝無法以言語來表達。
啊～又燒焦了。
剛開始一個人生活時，有很多不安。
但我要努力，用功讀書實現夢想，回報你的恩情。
猛打
瞌睡
渡部先生、中山先生、小嶋小姐，還有我，我們都認為多虧社長，才改變了自己的人生。

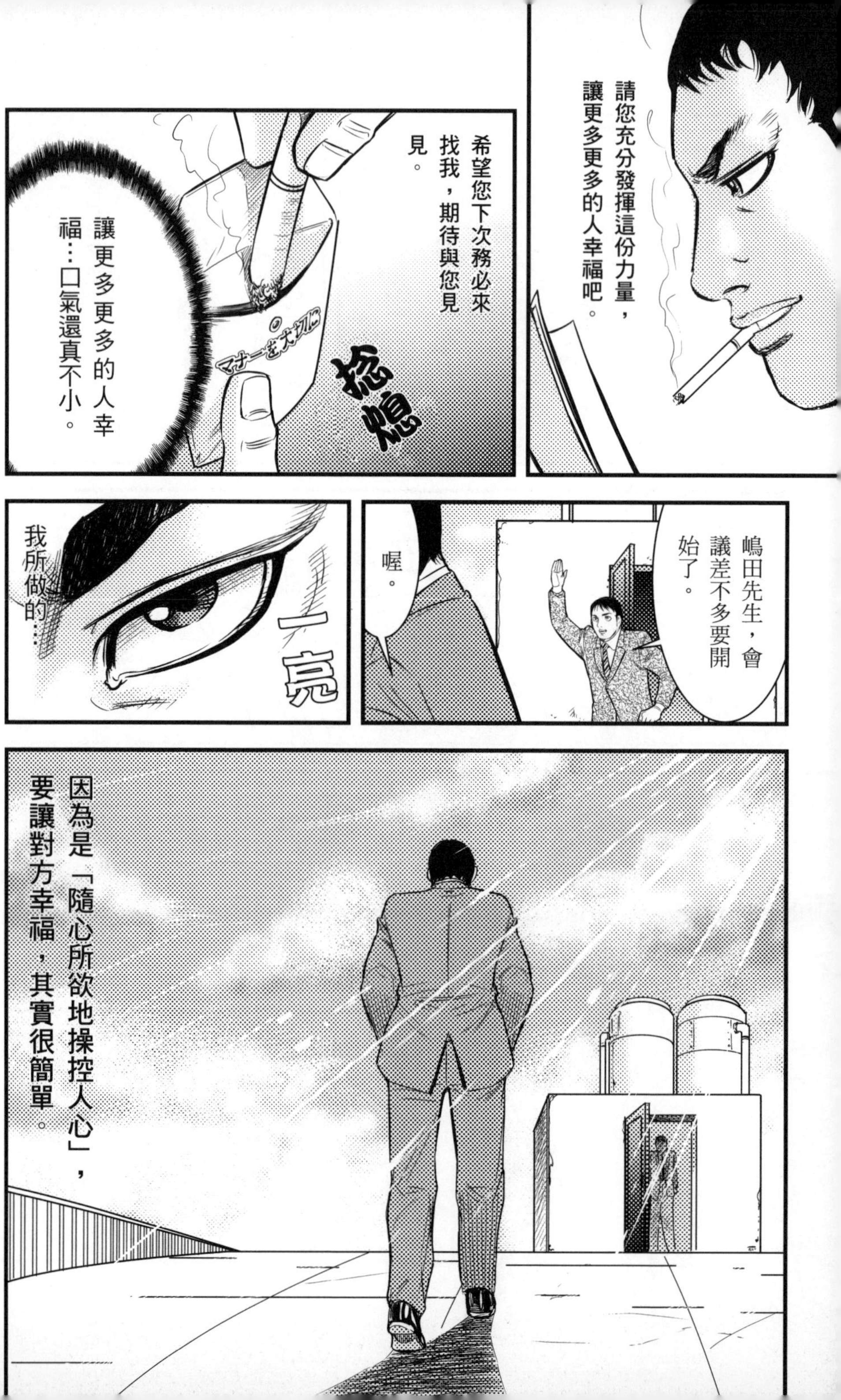
請您充分發揮這份力量，讓更多更多的人幸福吧。
希望您下次務必來找我，期待與您見見。
マナーを大切に
捻熄
讓更多更多的人幸福…口氣還真不小。
嶋田先生，會議差不多要開始了。
喔。
一亮
我所做的……
因為是「隨心所欲地操控人心」，要讓對方幸福，其實很簡單。

專欄⑫ 讀心術，透過言詞以外的方式理解他人

技巧1 透過握手掌握對方個性

如同第十一章所介紹，人與人的溝通，很多時候並未使用言語，而是下意識地表現出感情、思考或個性。若是能夠自然地解讀這些表徵，人際關係將比過去更順利，以下便統整一下這些方法。

首先是握手時可以確認對方的個性及人格。根據瑞典心理學家奧斯特隆姆（Astrom）研究，握手時強而有力的人，與人交往的抗拒感較低，性格較為積極。同時也能帶給被握手的對象「似乎能和這個人成為好友」的善意印象。

另外，除了握手的強弱以外，手心的觸感也可以得知某種程度上的個性。一般而言，手心乾爽的人較擅長交際，相反的，手心容易出汗則多半較為內向。人一緊張手心就容易出汗，所以身處「握手」這種與他人接觸的場合，就能藉此依據得知對方的緊張程度。

技巧2 不自覺地碰觸身體是壓力的訊號

你的周遭是否有人動不動就會碰觸自己身上某個部位的人？這樣的人通常是因為處在壓力下，碰觸身體是壓力的訊號，所以不妨開口問他：

「怎麼了嗎？」

當人們處在極大的壓力時，會經由碰觸親近的人來使自己放鬆。但是，有時狀況不允許時，便會藉由碰

自我親密行為

人們處於壓力時，常會碰觸身邊的人或自己的身體，讓自己平靜下來。

觸自己的身體來獲得安心感，這在心理學上稱為「自我親密性」（self-intimacy）。

而且，經由碰觸身體的部位，可以在某個程度上判斷對方的性格。撫摸頭或臉頰的人，屬於希望獲得體貼安撫的類型。另外，敲頭的人則表示想受到鼓勵。雙臂交疊的人是對他人抱著戒心，抱著自己的動作則是想要緩和緊張。因此，接收對方發出的訊號後，採取適當應對，就能提升對方的好感。

技巧3　見臉知人心

想要得知對方的情緒時，尤其會注意的想必還是臉部吧！其實，只要有心，表情是可以掩飾的，肉眼看得到的事物，很容易騙得過人。

但是你知道人類的臉上絕對無法防止浮現「真實的感情」嗎？根據美國心理學家保羅．艾克曼（Paul Ekman）的研究，分布在臉部超過五十條的肌肉中，透過無法憑意識控制的細微肌肉而產生的十五分之一秒的「微表情」，可以清楚了解人類的情緒。

艾克曼在世界各國調查有關微表情的研究，他做出的結論是，人的表情分為憤怒、輕蔑、厭惡、喜悅、悲傷、驚訝、恐怖等七種。

每種表情都是藉由固定的肌肉活動，例如：鼻子上方出現皺紋，上唇揚起的「厭惡」表情；眉毛上揚，睜大眼睛或張開嘴巴的「驚訝」等，絕對有各自呈現的反應。

但這些都是一瞬即逝的表情，一般人很難瞬間捕捉到。但是，一部分經由專業訓練的人，則可以透過微表情看穿他人的真實情緒。在此希望你記住根據對象不同，要掩飾反應情緒的真實表情是件無比困難的事。

技巧4 左臉會透露真正的感情

沒有經過專業訓練就無法辨識微表情，所以日常生活中大概沒有什麼運用的機會，不過，還是有其他方式從他人的表情發現真正的情感。

那就是注意「左側的臉」。故事中嶋田先生以裁切照片組合左側及右側為例指導渡部。

如同前面所提，自然的感情會下意識地流露，所以原本應該是左右對稱。但是，人類表現在臉上的表情是由右腦控制，真正的感情會強烈顯示在左側。因此，注視左側的臉，若覺得僵硬、不自然，或許正是對方正在掩飾表情的證據。

另外，由於臉部的不對稱性，人臉的右側給人理性端正的感覺；左側則是感情自然流露較柔和的感覺。在生意場合刻意讓對方看你的右臉來加強說服力；私人場合則不妨讓對方看你的左側臉，容易加強共鳴。

左右表情的差異

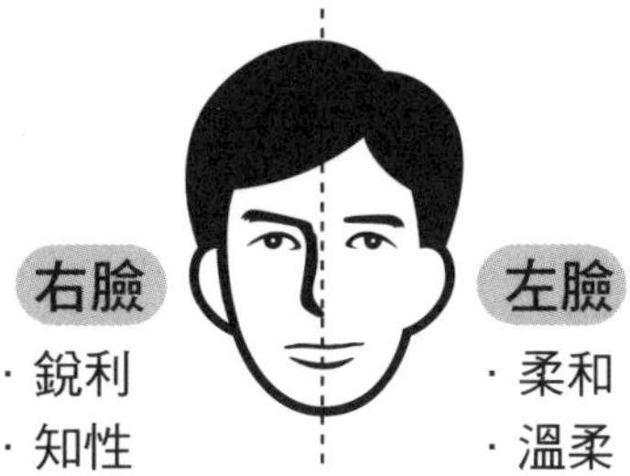

人臉並非左右對稱，右側和左側肌肉的鬆緊弛緩有所不同，因而左右側的表情會產生微妙差異。

技巧 5　局部優劣影響整體印象

前面說的是透過外表以探索對方內心的方法，最後解說單憑外表來判斷對方的危險性。

人的性格是由許多不同要素組成。個性、嗜好、容貌，能力等……真要一一列出來，根本沒完沒了，但至少大家應該知道無法憑外表來判斷一個人。但是，人們卻有一種「月暈效應」（Halo Effect）的心理傾向。例如看到外貌出色的人，就會產生「這個人是否個性及能力都很優秀」的錯覺。相反的，有時要是發現對方一個缺點，就會因而完全否定對方的一切。

反過來利用這項原理，藉由改變外在來影響自己給他人的印象。例如，注意穿著正式服裝塑造出幹練的印象，剪短頭髮給人活潑的印象等。人們很容易憑單一的印象好壞來判斷他人，所以自己也應該注意帶給別人的觀感。

月暈效應

其實只看到某個人局部優秀的一面，而產生整體印象都很優秀的錯覺。

簡單地說，只需觀察不經意的舉止或動作，能從中獲得非常多訊息。
稍加觀察其他細項，也可以在細微的部分顯露出人的內心。

你所害怕的事情，
從來不會如你想像中的那般嚴重。
你自己在腦海裡所勾勒出來恐懼的影像
總是會比實際情況糟得多。

——史賓賽．強森（Spencer Johnson）

請充分發揮心理學的力量，讓更多更多的人獲得幸福吧！

結語

擁有「操控他人」的力量，邁向幸福的人生

有句話說「悲喜交集」，人們的內心總是不斷變化，不會一直停留在某個情緒。即使心情再好，迎面而來的人撞到你卻連一句道歉也沒有，你會有什麼想法？又或是也許在某個你感到十分哀傷的日子，由於身邊的人一句噓寒問暖，「不要緊嗎？」會讓你有什麼樣的感受呢？正因為喜怒哀樂的各種情感，不斷在生活中交織變化，因而使我們的人生有高潮起伏而豐富多彩。

本書以明白易懂的漫畫，來介紹齊藤勇老師的心理學技巧。本書所介紹的各種手法，都是符合心理學原則且極為有效的技巧。不論是商場上能使用的交涉技巧，或是工作場合中建構的人際關係，甚至對異性的接觸方式，又或是透過自我暗示，展開光明人生的方法……相信必能在人生的各種狀況助你一臂之力。

本書雖然下了「隨心所欲操控人心」的書名，但在這裡想強調並不是懷著惡意操控他人。其實人們不論好壞，都具有影響、「操控」他人的力量。我們希望閱讀本書的你，能夠了解自身具備這樣的力量，學會運用自如。故事的最後，嶋田對自己說出那句下定決心的一句話，正是這樣的心情。

本書登場的人物，各自懷有內心脆弱的部分，但是就算一開始飽受挫折，哀嘆自己的命運，最後他們都學會了各種心理技巧成為自身的「武器」，並逐漸自覺擁有的「力量」而成長。讀完本書的你，對於手上的「武器」你將如何運用呢？衷心期盼你以及身邊的朋友，能因而過著開朗幸福的人生。

漫畫 隨心所欲操控人心的暗黑心理學

心機無罪，成功有理！以心理學作為武器，輕鬆收服任何人

マンガ　思いのままに人をあやつる心理学

監　修　齊藤勇
繪　者　摩周子
譯　者　卓惠娟
副總編輯　李映慧
編　輯　林玟萱

總 編 輯　陳旭華
電　郵　ymal@ms14.hinet.net

社　長　郭重興
發行人兼出版總監　曾大福
出　版　大牌出版／遠足文化事業股份有限公司
發　行　遠足文化事業股份有限公司
地　址　23141 新北市新店區民權路 108-2 號 9 樓
電　話　+886- 2- 2218 1417
傳　真　+886- 2- 8667 1851

印務主任　黃禮賢
封面設計　萬勝安
排　版　極翔企業有限公司
印　製　成陽印刷股份有限公司
法律顧問　華洋法律事務所　蘇文生律師

定　價　350 元
初版一刷　2017 年 02 月

國家圖書館出版品預行編目 (CIP) 資料

漫畫 隨心所欲操控人心的暗黑心理學／齊藤勇 監修；摩周子 繪者；卓惠娟 譯；初版 . -- 新北市：大牌出版 : 遠足文化發行 , 2017.02 面；公分
譯自：マンガ　思いのままに人をあやつる心理学
ISBN 978-986-94080-1-1（平裝）

177　105023734